BEST LOSER WINS

最懂输的人才能成为赢家

为什么正常的思维不会赢得交易

[英]汤姆·霍加德 Tom Hougaard 著

Why Normal Thinking Never Wins the Trading Game

中国青年出版社

图书在版编目（CIP）数据

最懂输的人才能成为赢家：为什么正常的思维不会赢得交易 /（英）汤姆·霍加德著；斯亮译.
—北京：中国青年出版社，2023.11
书名原文：Best Loser Wins: Why Normal Thinking Never Wins the Trading Game
ISBN 978-7-5153-7040-8

Ⅰ.①最… Ⅱ.①汤…②斯… Ⅲ.①投资—经济心理学 Ⅳ.①F830.59

中国国家版本馆CIP数据核字（2023）第172759号

Best Loser Wins: Why Normal Thinking Never Wins the Trading Game by Tom Hougaard
Copyright © Tom Hougaard
Originally published in the UK by Harriman House Ltd. in 2022, www.harriman-house.com.
Simplified Chinese edition copyright © 2023 China Youth Book, Inc. (an imprint of China Youth Press).
All rights reserved.

最懂输的人才能成为赢家：
为什么正常的思维不会赢得交易

作　　者：［英］汤姆·霍加德
译　　者：斯　亮
责任编辑：肖　佳
文字编辑：吴梦书
美术编辑：杜雨萃
出　　版：中国青年出版社
发　　行：北京中青文文化传媒有限公司
电　　话：010-65511272 / 65516873
公司网址：www.cyb.com.cn
购书网址：zqwts.tmall.com
印　　刷：大厂回族自治县益利印刷有限公司
版　　次：2023年11月第1版
印　　次：2025年1月第5次印刷
开　　本：787mm×1092mm　1/16
字　　数：203千字
印　　张：14.5
京权图字：01-2022-4286
书　　号：ISBN 978-7-5153-7040-8
定　　价：59.90元

版权声明

未经出版人事先书面许可，对本出版物的任何部分不得以任何方式或途径复制或传播，包括但不限于复印、录制、录音，或通过任何数据库、在线信息、数字化产品或可检索的系统。

中青版图书，版权所有，盗版必究

献给彭博终端的那个女孩

CONTENTS 目录

致市场的一封信　　　　　　　　　　　007

序　言　　　　　　　　　　　　　　　009

前　言　　　　　　　　　　　　　　　011

第一章　说谎者的扑克牌　　　　　　　021

第二章　交易大厅　　　　　　　　　　029

第三章　每个人都是图表专家　　　　　049

第四章　形态的诅咒　　　　　　　　　069

第五章　与我的人性战斗　　　　　　　099

第六章　厌　恶　　　　　　　　　　　153

第七章　游荡的思维　　　　　　　　　159

第八章　度过低谷期　　　　　　　　　171

第九章	拥抱失败	179
第十章	最优秀的输家获胜	185
第十一章	理想的思维模式	195

| 最后的话 | 227 |
| 关于作者 | 229 |

致市场的一封信

DEAR MARKETS

亲爱的市场：

从第一次接触到你的那刻起，我就迷上了你，甚至可能爱上了你。当时我不到10岁，还太年轻，不知道那意味着什么。你出现在一份全国性报纸上，应该是一场竞赛吧。

我那时还太小，不能和你一起玩，便在一旁观察。我没赶上好时候，早出生了几十年，那时没办法像现在这样交易。我只能去过自己的早期生活，而你也有着你的轨迹。

当你经历1973年的毁灭性熊市时，我正蹒跚学步；当你在1987年的暴跌中愤怒崛起时，我刚完成学业；当你向恢弘的20世纪90年代牛市迈出第一步时，我几乎准备好了，但又欠缺了点什么。

接着，你向我发出足以改变我的人生的信息，而我接受了你的邀请，把一切抛诸脑后去追随你。我在大学学习你，实际上还拿了两个学位。我不知疲惫地学习，试图从传统经济思想家、诺贝尔奖获得者和好心的记者与专家眼中理解你。

我希望你当时就告诉我不用费这个力气。你不是一个待解决的方程式，也远比一个模型能代表的复杂得多。一次又一次的，你证明自己是个难以捉摸的女主人，没人能真的了解你。你无处不在，又无迹可寻。普适法则对你根本不适用。

我对你爱得深沉，而你也带给我许多快乐。我对你毫无保留。我醒来时你在，睡去时你仍在。你曾在我圆融变通之时提升我，在我机巧灵活之时予我以超乎想象的奖励。也曾在我死板顽固之时拿走你所有的馈赠，连本带利。

我是真切地追求过你啊。我对你的追求就像深陷爱河的少年那样。我从各种角度接近你，从斐波那契比率（Fibonacci Ratios）到肯特纳通道（Keltner Channels），到布林线（Bollinger Bands），再到三叉戟策略（Trident Strategies），还有江恩的振动法则（Vibrations of Gann）和默里数学（Murry Math）。

我开发了哈德逊河涨潮模型，看你是否会对此做出反应。我打印了成千上万的趋势图，在上面画线画圈，试图找出一种与你共舞的方式，这样我的脚就不会被踩到那么多次。

我的脚趾曾经很痛，亲爱的。有时太疼了，我不得不去海边，连续几小时不停地往水里扔石头，为你不愿与我一起跳探戈而生气。

你曾带给我许多无眠之夜，让我眼里含泪，身体愤怒，灵魂受伤。但我还是无法放下你。我知道这不是全部，我知道我必须继续寻找。

我为你付出了一切，因为你让我感觉鲜活。你给了我目标，给了我如此艰巨的挑战，即使军队教官也得向你点头致意。为此我会永远爱你。你让我保持警惕，就像父母只给孩子最好的一样。

但你让课程变得晦涩难懂。虽然你将它设计得看上去简单，但它从不简单。你让每个人相信，通过模型、方程式、指标、传统思维和逻辑就可以与你共舞。但你常常没有逻辑。多年来我辛苦努力与你共舞，直到有一天你偶然告诉我你的秘密。你叫我不要再试图理解你了。你让我去了解自己。

我停止了交易，花时间去理解自己，然后回来了。当我重返舞池，你张开双臂欢迎我，微笑着说："欢迎回来，我知道你现在明白了。你带创可贴了吗？"

我懂了。最优秀的输家会笑到最后。

汤姆·霍加德

序 言
PREFACE

在很大程度上，如何感受失败决定了你的成长和人生轨迹，这体现在生活的每个方面。

也许你想放下本书，思考一下这句话。它深刻得令人恐惧。

99%的交易者不明白的是，他们正在错误的地方寻找答案。技术分析、基本面、指标、比率、趋势图模式、趋势线等这些知识，是的，大家都知道，但除了那1%的人，人人都在亏钱。

那1%的人做了哪些99%的人没有做的事？

我又在做哪些让我在交易里成功而别人没在做的事？

答案既简单又复杂：我是个出色的输家。

最优秀的输家才会赢。

对于亏损，我已经养成了这种思维：不焦虑、不失衡、不产生情绪依附、不怨恨、不渴望回到盈亏平衡。

正因为我的思维方式，我才能以自己的方式交易。我的技术分析知识只是平均水平，而我对自己的了解才是让我脱颖而出的法宝。

衡量一个人成长的真正标准不是他知道多少，而是他用已有的知识做了什么。

我写这本书是为了讲述我如何改变自己，最终成为现在这样的交易者，以及我如何缩小知与行之间的差距。

前 言
INTRODUCTION

我的名字是汤姆·霍加德，52岁。30年前，我离开了自己的家乡丹麦。我想到金融市场做交易，去伦敦交易。

当时我对成为交易员需要做什么有些想法。我拿到了经济学学士和货币、银行与金融硕士的学位。我以为自己已经具备成为交易员所需的一切：正确的教育、良好的职业道德和对市场的热情。

但我错了。

在理论上，我似乎有资格驾驭金融市场。在现实中，学历在自相残杀的交易世界里无足轻重。

本书描述的就是我达到现在的水平所走过的路程。

现在的我处于什么水平呢？

在写下这些文字时，我已经连续39个交易日没有亏损。我在一个跨平台的即时通信软件上开设了一个交易频道，在那里，我的追随者们实时见证了我仅在上个月就赚了32.5万英镑，所有的买入点、资金管理、仓位大小和仓位卖出点都是实时同步发布的，没有延迟和滞后，一切都在他们眼前完成，所有的行动都有时间标记。

本书打破了与成为居家交易员（Home Trader）或其他任何类型的交易员所必需的经历和品质有关的神话与荒诞说法。在这段旅程中，最初我走的是其他人走过的路，也就是阅读大量关于指标、模式和比率的书。最终我意识到，追寻那难以捉摸的交易利润的真正答案一直就在我自己的内心深处。而那真的是我最后才想到要去寻找的地方。

充满希望的开端

完成大学学业后，我开始为摩根大通（JPMorgan Chase）工作。虽然不是做交易，但也足够接近了。2000年，我成了一名居家交易员。但这段工作经历仅持续了18个月，因为我没钱了。

我和我交易的那家券商的员工成了朋友，他的公司雇我当金融分析师。说是分析师，但其实我只是个披着光环的、在媒体面前出卖节操的人。我的任务就是让券商上电视，而我能这么做的资格来源于我对技术分析的理解。

我在2001年夏天开始了这份工作。我第一次面对客户的经历是被我的公司首席执行官带去参加英国皇家阿斯科特赛马会（Royal Ascot），那是富人和名人社交活动中的一件大事，也是一场赛马活动，充斥着香槟、看起来很滑稽的帽子和大雪茄。

只有最棒的和带来最高利润的客户被邀请参加了这个贵宾活动。在送这些尊贵客户去阿斯科特的豪华大巴上，我被介绍为新的金融分析师。我的首席执行官说："你们可以问他任何问题。"

一位客户问我对马可尼（Marconi）公司有什么看法。马可尼公司是富时100指数（FTSE 100）[①]成分股之一。它曾有过辉煌的日子，但在过去的12个月里，它的股价从1200便士跌至450便士。

"你觉得马可尼的股价便宜吗？"一位来自卢顿的药剂师问道。

[①] 是在伦敦证券交易所上市的最大的100家公司的股票指数。

前　言

当时我还不知道，我那时的回答，以及几个月后在电视上相似的回答，最终让我被解雇。不过即使那时我知道，我也不会改变自己的答案：

"先生们，马可尼是垃圾。为什么要追逐价格下跌的股票？股市不像超市，超市有促销活动时，买卫生纸是有道理的。

"当然，以50%的折扣购买卫生纸是有道理的，但购买一只跌幅超过50%的股票就没道理了。'便宜'和'昂贵'这样的概念适用于周六的日用品采购，但不适用于金融市场。"

我的回答凝固在空气中，这感觉就好像我在葬礼上讲了一个病态笑话。我才刚刚下完断言，就注意到老板对我的死亡凝视。所有这些客户都在做多马可尼公司的股票，他们会继续亏钱。那一年的晚些时候，我上了CNBC频道，受邀对马可尼公司做图表分析。

那时马可尼公司的股价已经从1200便士跌到32便士，但仍旧有人买入。我表示根据图表模式，马可尼公司的股价会跌到零。

几家报纸报道了此事。几天后，我被叫到体育指数（Sporting Index）的办公室。他们的首席执行官问我能否把那些关于马可尼公司的评论从"那个互联网"上删除。

马可尼公司的股价跌到了零，而我也被告知另谋高就。幸运的是，我离开金融价差（Financial Spreads）公司的同一天，城市指数（City Index）公司就聘用了我。我在后者的交易大厅里工作了7年。2009年我被裁员，之后就一直是一名私人交易员。

过去的12年来，我一直在完善我的技术。我是券商口中的高风险交易员。散户交易者交易1个点的风险是10英镑，而我交易1个点的风险从100英镑到3500英镑不等。

在波动较大的日子里，我的交易额超过2.5亿英镑。我曾在不到7秒的时间里赚了1.7万英镑，也曾在8秒内亏了2.9万英镑。

这种风险规模的交易使人的感受加剧。没错，当一切顺利的时候，这生活无与伦比，但当逆境来临，它就充满挑战了。

本书描述了我从2009年2月一个失业的金融经纪人到今天成为高风险交易员所走过的路程。但这并不是一本传统的交易书。

只是又一本交易书吗

这世界不需要更多的交易类书了，因此我决定不写这样一本书。我对技术分析的了解够写几本书，但我知道技术分析并不能让你成为一名富有的交易者。它甚至都不能让你成为一名好的交易者。

我原本没有写书的野心，但有一天，当我在视频网站上看一部纪录片时，一则广告出现在我的屏幕上。我立刻就认出了那张脸。

广告上的那个人在我于伦敦的城市指数公司做交易员时，曾参加过几次我举办的技术分析讲座。现在他上了广告，向大家保证他的课会揭示金融市场的秘密。

那个广告很自豪地宣称，如果想学习如何像专业人士一样交易，那这个课程就是你需要的。

碰巧的是，我的一个朋友也参加了这个课程。课程在一个周末进行，地点是伦敦某处豪华写字楼。当时现场挤得水泄不通，这位自封的大师带着人们浏览了一张又一张图表，每个满怀希望的人都全神贯注于他讲的每一句话。

当时没有批判性思维在场，也没人质疑他的说法。周日晚上，大家离开了那栋写字楼，每个人都觉得自己在下周五前会发一笔小财。

我看了课程笔记，几百页的内容，都是对技术分析标准教科书的复述。背后没有任何原创性的想法，也没有对技术分析领域新的贡献。

只要有半天闲暇时间，任何人都能在网上找到相同的免费资料。更重要的是，我朋友告诉我，大师在周末的课堂上没放过任何推销额外产品的机会，比如个人辅导课程和高级课程。

能者去做

有句话是这么说的：能做到的人去做，做不到的人才去教。

我不同意这说法。很多能做到的人也教别人东西，这两者并不互相排斥。很多伟大的"行动者"把传授知识看作人生使命的一部分。当我就职于城市指数公司时，我也许不是技术分析专家，但我肯定比大多数客户知道得多。正因为如此，我大多数晚上都会给我们的客户和城市指数公司的许多白标客户上技术分析课，比如巴克莱银行（Barclays Bank）、哈格里夫斯·兰斯当（Hargreaves Lansdown）和道明宏达理财（TD Waterhouse）。

我真心喜欢传授知识，并尽我所能地在我所知基础上做到最好。然而，当时我没有意识到的是，技术分析是毫无意义的，除非它与行为反应训练结合在一起。

对于那些教授极其昂贵的周末课程的大师们，我的不满主要在于他们对结果的关注。他们通过外部刺激来达到目的，比如展示他们出现在直升机或者私人飞机上的画面。他们还把交易描绘成一种容易掌握的职业，或者是需要学习某种秘密的职业，一旦掌握了这梦寐以求的秘密，你就成了自己的提款机。这些大师才不会冒着声誉受损的风险实时地公开他们的交易记录，你能看到的都是交易之后的记录。我们也从来听不到他们亏损的交易。这就给人一种错觉，即在交易过程中，亏钱只是你时不时经历的小麻烦。

只有在周一早上，在高价的周末交易课程后，当你坐在屏幕前，看着市场就在你面前波动，而你并没有事后分析图的帮助时，你才会意识到这个游戏并不像大师在周末课程中告诉你的那么简单。

交易领域有很多骗子兜售的垃圾，这些垃圾里有99%是营销，只有1%是交易。我写的这本书，是所有这些垃圾的解毒剂。这些骗子向不知情的人宣扬他们的信息，可悲的是很多人都信以为真。然而这些老师和学生都没意识到，他们只了解故事的10%。

更重要的是，我写的这本书，内容是他们从未教过你的交易的方方面面，以及如何到达交易金字塔的顶端。

写这本书时，我在我的家乡丹麦看到了一则技术分析课程的广告。然而，仅仅在一年前，开设这门课的人在关闭其跟随者的跟单交易账户之前，已经损失了35%的交易资金。

这就是技术分析的问题所在。它学起来非常简单，但不应该被吹捧为通往金融市场的无尽财富之路。这些大师在广告上宣称从市场赚钱，你只需要学习技术分析。

我希望有那么简单，但事实并非如此。

如果不是技术分析，那又是什么

欧洲有一项法律规定，向散户提供交易服务的券商必须披露他们客户亏损的百分比。

我查看了行业里主要券商的资料。根据他们网站上展示的信息，大约有80%的客户是亏损的。

我给一家券商打电话，询问这个数字是怎么算出来的。他们告诉我，该数字每季度调整一次。券商会比较客户本季度与上一季度的账户余额，如果本季度余额低于上一季度的余额，则该用户就会被纳入这个百分比。

如果通往交易成功之路的答案是学习技术分析，那就不会有80%的亏损率了。顺便说一句，举办我朋友参加的周末课程的大师碰巧也有一家券商公司，他推荐他所有的学生都去注册。我也查了它的客户亏损率。

超过80%！

也就是说，要么他的客户是糟糕的交易者，要么他是个糟糕的老师。

我来替上述双方说句公道话，要想成为一个盈利的交易者，你需要的不仅仅是技术分析。

这就是我写本书的原因，为了讲述我达到今天的成就所走过的路。在过去的20年里，我读了很多关于技术分析和交易技巧的书。我个人觉得大部分都很无聊，也毫无意义。

在这些书中，我看到的只是一个又一个完美图表的例子。这会让读者在头脑中产生一种错觉。读者们相信了这些精心设计的故事，殊不知这故事由人云亦云的交易者撰写，里面的内容和真实的交易世界毫不相关。这让读者对交易领域的现实一无所知。

当然也有例外。有一些关于技术和策略的书还是不错的，但大部分交易书都是垃圾，作者们有一种错误认知，认为应该只展示完美的交易例子。

因此他们强化了这种错觉，即交易是件容易的事。我认为可以这么说，有着80%的失败率，交易绝对不是件容易的事。

我敢说，如果技术分析是一个可以和牙科相提并论的学科，那技术分析师这项职业会因为80%的失败率被终止。牙医可没有80%的失败率。

百万播放量的YouTube演讲视频

世界上最大的券商之一邀请我做一场关于居家交易员生活的演讲。他们拍摄了这场持续了几小时的演讲。我给这篇演讲起了个煽动性标题：

正常思维不赚钱

券商后来给我发邮件说，我这个视频的播放量是他们排名第二的视频的五倍，而且现在这个视频在YouTube的播放量已经超过了一百万。

这给了我写书的信心，因为我看到我的信息让读者产生了共鸣，他们想学习传统交易理论之外的东西。

虽然这不是本关于交易技术的书，但我并不是说你可以不学技术分析，或者其他某种形式的分析。你的进场、退出以及止损设置，必须要依据某种道理或理由。

然而，我也认为技术本身不会让你变得富有。光靠技术分析不会让你达到你想要的目标。我猜你希望交易给你带来可观的额外收入，或者甚至带来你的主要收入。

我认为，一个表现出正常思维模式和特征的普通人，将永远没有机会靠交易赚钱。换句话说，正常是行不通的。

关于交易最好的书之一是《股票作手回忆录》(Reminiscences of a Stock Operator)，书里没有一处提到交易技术。

让我们面对现实吧，我们都能学会走离地一英尺（约0.30米）的钢丝。然而，当它被挂在离地100英尺（约30.48米）的高度时，你还能走过同一条钢丝吗？

同样地，当我们交易一手[①]时，我们都能做到勇敢激进，但是当你交易10手或100手时，你还能做到绝对的清醒和情绪上的超脱吗？

我不能保证你将能交易100手，但我会描述我达到这种交易规模的过程。

我将做到面面俱到。在本书中，我描述了交易员生活的方方面面，从平淡无奇到激动人心，我描述了我每天、每周、每月、每年采取的具体步骤，以确保我能胜任这份工作。

让我在此立即作出一项重要声明：我不会粉饰我的信息。交易员是一个极其困难的职业，它明显超出了几乎每个人的心理能力，但与此同时，一旦你明白这个游戏怎么玩，这个职业将会给你带来超乎想象的财富。

---

① 通常指的是标准交易量。每个市场的规定不一样，一手一般等于100股。

前　言

本书讲述了如何玩好交易游戏。

现在你知道我们的最终目的地了。如果你不喜欢它的样子，现在就可以放下书，去看视频网站上的视频课，让那些开法拉利的20岁交易大师告诉你该怎么做吧。

然而，如果你想要持久的改变，不仅改变你的交易，也改变你的生活方式，那就继续阅读吧。你成为稳定交易员的转变过程会渗透到你生活的其他方面。它会让你深刻理解你是谁，你能做些什么来提高自己。最终的结果不仅是你交易账户上更多的钱，也是一段更加和谐和激动人心的人生旅程。

第一章
说谎者的扑克牌

我的交易员之路始于偶然看到的一本书,《说谎者的扑克牌》(Liar's Poker)。我当时得了流感,回家养病,爸爸从图书馆给我带了一些书。《说谎者的扑克牌》就是其中之一。

这是一部具有时代特征的作品,作者是《大空头》(The Big Short)的作者迈克尔·刘易斯,《大空头》还被拍成了好莱坞大片。

在《说谎者的扑克牌》中,刘易斯描述了他在20世纪80年代经济繁荣时期作为债券交易员的生活。用他自己的话说,这是为了警示后人金融业的贪婪,也是为了警告想加入金融业的年轻人。

我认为它产生了相反的效果。我怀疑成千上万像我一样的年轻人读了这本书后,心里想的是:华尔街应该是我的去处。

这本书讲述的是一个年轻人从美国来到英国,就读于伦敦的一所大学,随后受雇于一家美国投资银行的故事。书中描述了他在交易大厅工作并观察大户交易员操作的情形。

我被迷住了,那一刻起我就知道交易将是我的职业。虽然从那以后,我又读了许多比《说谎者的扑克牌》更具体的交易书,但作为入门书,这本书再好不过了。

读了那本书后,我的生活改变了。它让我如梦初醒。我从一个热爱滑板的足球迷，变成一个专注而充满干劲的人。我找到了我的使命。

我开始申请欧洲各地的大学学位课程。我那时已经在一家养老基金找到了一份办公室实习生的工作，读完这本书后，我知道那不会是我的最终归宿。

读完这本书的第二年，我被英国的一所大学录取了。但是我遇到了一个问题，他们没有奖学金，我不得不自己付钱。我日夜不停地工作。白天我在养老基金工作，晚上我会滑滑板到8公里外的一个游乐园工作到凌晨一点。

我尽可能多地从丹麦财经书中获取信息。我也会读英语书来提高我的语言能力。

我的家人并不支持我。在出发的那一天，我不得不自己去机场。他们最终改变了主意，和我一起经历了这些年的考验和磨难。我姐姐曾经告诉我，她第一次在电视上看到我的时候紧张到咬指甲，她生怕我会在直播时僵住。

我的第一笔大交易

金融市场上有一句话完美地总结了我的第一次投机经历：别把天赋和运气混为一谈。那时我对金融市场的运作方式一窍不通，但却撞上了大运。

那是1992年9月，我刚刚被大学录取。我努力工作，挣了三年的学费和生活费，尽管还差一点儿，所以我计划通过假期打工来弥补剩下的部分。

当我收拾行李准备去英国读第一年大学的时候，一场众所周知的飓风席卷了货币市场。

英国是欧洲汇率机制（ERM）的成员。这是欧洲经济共同体为减少汇率波动和实现欧洲货币稳定而引入的一种制度。

英国在1990年加入了欧洲汇率机制，但到1992年，英国陷入了经济衰退。英格兰银行发现他们越来越难履行自己的承诺，即让英镑对其他欧洲货币的汇率维持在一个严格的范围内。投机者积极做空英镑，认为英镑被严重高估了。

第一章　说谎者的扑克牌

当我带着存款去丹麦当地的银行，想把我的丹麦克朗换成英镑时，金融市场上演了一出大戏。这一天被称为黑色星期三。

1992年9月16日，英国政府在试图将英镑保持在欧洲汇率机制规定的货币兑换下限以上的努力失败后，被迫将英镑撤出欧洲汇率机制。

我在维基百科上找到了以下关于黑色星期三的信息。它介绍了我即将经历的事情的背景，以及是什么给一个22岁充满抱负的交易者带来了一笔巨额意外之财：

量子基金（Quantum Fund）在1992年9月15日星期二开始大规模抛售英镑。汇率机制规定，英格兰银行必须接受任何出售英镑的出价。然而，英格兰银行只在交易日接受订单。第二天早上伦敦市场开盘时，英格兰银行开始按照当时的财政大臣诺曼·拉蒙特（Norman Lamont）和英格兰银行行长罗宾·利－彭伯顿（Robin Leigh-Pemberton）的决策，试图支撑他们的货币。

上午8:30之前，他们购买了两次3亿英镑的订单，但收效甚微。英格兰银行干预无效的原因在于，量子基金抛售英镑的速度要比购买速度快得多。英格兰银行继续购买，量子基金继续抛售，直到拉蒙特告诉首相约翰·梅杰（John Major），他们对英镑的买入未能产生效果。

9月16日上午10:30，英国政府宣布将基准利率从已经处于高位的10%上调至12%，以吸引投机者购买英镑，并在当天晚些时候承诺将基准利率再次上调至15%，尽管如此，交易商仍然继续抛售英镑，因为他们确信政府不会信守承诺。

当晚7点，时任财政大臣诺曼·拉蒙特宣布，英国将退出欧洲汇率机制，利率将维持在12%的新水平；然而，第二天利率就回到了10%。

当然，那时的我对这些都一无所知，但它对我的学习产生了实质性的影响。如果我提前几天去银行，就不得不为1英镑支付近12丹麦克朗。完全靠着运气，我赶上了现代最大的货币崩溃之一，并从中受益，能够以约每9丹麦克朗兑1英镑的汇率兑换我的丹麦克朗。

我从存款中多赚了4000英镑。我每年的学费和住宿费预算是2500英镑。"乔治叔叔"让我的大学教育免除了债务。

虽然这天被称为黑色星期三，但许多历史学家认为这是一个黄金星期三，因为更便宜的英镑吸引了投资，为英国经济的迅猛增长创造了条件。

巴黎一个热狗的价格

那天，我不是唯一一个赚到改变一生的钱的人。乔治·索罗斯赚了10亿美元，这让他稳固位列有史以来最伟大的投机者行列。

在1992年9月那致命一天之前，他并不是唯一一个注意到欧洲货币之间存在明显价值差异的人。另一名交易员也注意到了。事实上，他根本不是交易员，他拥有一家位于伦敦东部的印刷公司。我们就称他为英国人吧。

当我开始在伦敦工作时，我听说了他的故事，当时他在法国度假，在巴黎之行中，他在埃菲尔铁塔旁的一个街角小摊上买了一个热狗。

付款时，热狗的价格让我们的英国人大吃一惊，他以为热狗摊老板想骗他。热狗摊老板向他保证，说这就是巴黎热狗的普遍价格。为了确保自己没有被骗，他决定在别的地方再买一个热狗。结果是一样的。

我们的英国人正为散户交易历史上最伟大的单人下注之一奠定基础。他走进巴黎的一家超市，开始记下食品、饮料和其他家庭用品的价格。

回到伦敦，我们的英国人将法国的商品价格与当地超市里相同商品的价格进行了比较，他得出结论：法国法郎被严重高估了。他打电话给他的金融交易公司，并与一位年轻的经纪人交谈，这位经纪人后来成了我的老板。

我老板喜欢讲他的这个客户如何将5000英镑的账户存款变成800万英镑的故

事。他坚持认为法郎被严重高估了，并从中获利颇丰。

分享这段逸事的原因不仅是为了给你讲一个好故事，也是为了让你为本书的内容做好准备。你看，这本可能是个伟大的故事，然而这位客户后来损失了所有的钱，之后又赔了一些。

成功的交易不就是赚钱并且守住这些钱吗？

99%的人不知道的是，当你赚钱以后，你大脑的化学物质会发生变化，如果不加留意和检查，它会给你的决策过程带来不利影响。

经济理论和经济史

我在大学学到了经济理论的知识。它教会我金融市场是如何形成的，以及当前的经济理论如何理解我们周遭的世界。

然而，它并没教会我如何交易。它没教我动量、心理和情绪如何对金融市场产生重大影响。我的学位课程并没有让我为现实世界做好准备。我以为攻读硕士学位会改变这种情况，然而尽管我在硕士期间的学习内容与行业更相关，但我仍然觉得市场对我来说是一个巨大的谜。

通过保持其他部分不变来测试经济系统中的变量这个想法并不适合我。我不知道自己当时是否意识到了这一点，但那时的我对世界的看法有所不同。

我并不认为市场是高效的。我坚信市场一点也不理性。市场是由人类推动的，如果说人类不具备什么品质，那就是在面临压力时还能保持理性或逻辑。

富人的恐慌

比起学习经济模型，我更喜欢学习经济史。在学到1903年和1907年的富人恐慌时，一个关键时刻出现了。伯纳德·巴鲁克（Bernard Baruch），一个著名的华尔街投机者，正确地预测了一只铁路股票失败的垄断所带来的后果，因此赚了一大笔钱。

垄断（Corner）是指一群人或一个财团为了制造轰动效应而抬高股票价格，从而试图引诱更容易上当的投资者跟风买入，然后将股票抛售给后来者的行为。今天，它被称为拉高出货（Pump and Dump）。想想游戏驿站（GameStop）这只股票就知道了！

伯纳德·巴鲁克对事情发展的预测给我留下了深刻的印象。他认为财团必须筹集资金来维持他们岌岌可危的垄断，因此他开始做空各种受欢迎的股票。他是对的，股票市场迅速下跌。道琼斯指数几个月内就下跌了49%，而巴鲁克从中获利。

那之后我就发现自己学不进去经济模型了。我觉得它们在概念上过于死板和理论化，而且很多假设是错的。它们认为人类总是理性行事。但人类肯定不是理性的。在我写这一页时，我正看着我的报价窗口。道琼斯指数下跌了500点，德国DAX指数也下跌了250点。"为什么会这样？"我听到你问。这是因为有种叫作新型冠状病毒的强力病毒正在席卷全球，已经造成了多人死亡。

市场并不关心死去的这些人，它担心的是事情会变得更糟。市场完全取决于人们对事情的感知，经济现实只是夹杂其中。我不理解病毒背后的基本原理，也不需要理解。我的工作不是理解病毒背后的含义，而是理解市场中的玩家以及他们的感受。他们很害怕，而我看到了他们的恐惧。所以当然，我选择做空。我做空不是因为我觉得病毒会给全球经济造成严重破坏，我做空是因为我认为他们觉得可怕的事情即将发生。

无论发生什么，我的工作就是读懂这种情绪并控制住自己的情绪。

这就是我要在这本书里教你的。我运用理性来解释牛市和熊市，基础经济的健康状况将推动市场上涨或下跌。然而，作为一个日内交易员，我需要有心理灵活性，这在经济理论中从未被描述和说明。

我还得知道"何时坚持，何时放弃"，正如肯尼·罗杰斯（Kenny Rodgers）在《赌徒》（The Gambler）中所唱的。我是个赌徒吗？如果我说是，你可能觉得我和去赌场寻求刺激的人没什么区别。但如果我告诉你，我比普通的职业足球运动员赚得多，而且我之所以能做到，不是因为我有阅读市场的特殊能力，而是因为我学会了控制自己的情绪，你会怎么想？

我不是没有感情的反社会分子。我有感受，也会爱、哭泣、疼痛、哀伤、开怀大笑和微笑。你可以做个好人，且仍然能出人头地。但是当你交易的时候，你需要学会用不同于99%的人的方式思考。我们很快就会谈到这一点。

摩根大通

毕业后，我面试了许多银行和金融业的入门职位。我没有找到梦寐以求的实习交易员的工作，但我确实得到了一份在大通曼哈顿银行（Chase Manhattan Bank）的好工作，后来它被称为摩根大通。

这是一次十分宝贵的经历，我带着满腔的热情来到这里。为美国投资银行工作可能是发生在我身上最好的事情。我把对金融市场的热情转化到工作中。我从事投资组合分析和业绩基准分析工作，这意味着每天我都能亲眼观察金融市场的发展。

我碰巧坐在彭博终端旁边，我喜欢那台机器。我经常在周六和周日溜进办公楼，狼吞虎咽一般阅读分析和交易故事，下载数据。

为一家美国银行工作的好处在于，这里有与典型的欧洲公司截然不同的职业道德。在过去的20年里，这种情况可能已经发生了变化，但当我在摩根大通工作的时候，我们确实可以随心所欲地加班。

我在摩根大通工作了将近3年，这3年里，我没有一个月不加班至少40小时。我已习惯长时间专注地工作，因为这份工作需要对细节保持高度专注。

离开银行时，我已经是个老练的工作狂了。我这样说并不骄傲，但我认为也没必要隐藏这样一个事实：我成功的原因不是过人的才智，而是我的职业道德。我只是比其他人工作的时间长，我为自己想要的东西做出了牺牲。

我的态度让我想起了美国特种部队海豹突击队的精神：生活中任何值得做的事情，做得再多也不为过。适度是懦夫的专利。

当我第一次走进交易大厅时，我的梦想终于实现了。

第二章
交易大厅

走进交易大厅是一种特殊的体验。我清楚地记得大学毕业后参加的一个交易工作面试，地点在斯堪的纳维亚商业银行的交易大厅，面试我的人是交易主管。

我能看出他正全神贯注于别的事情，而我是个碍事的干扰。在我的交易生涯里，我曾多次遇到这种情况。明明在市场上正持有个很大的仓位，但却不得不处理交易之外的琐碎事情，这可能是一种特殊的体验。

2018年节礼日（Boxing Day）就是个很好的例子。我一边吃着圣诞布丁，一边参与道琼斯指数历史上最大的单日涨幅。为了不冒犯邀请我的主人，我不得不把手机藏在餐桌下面，并假装多次上厕所，这样我就可以用一部手机看图表，用另一部看交易平台。

我带着与大多数同事截然不同的态度来到金融价差公司的交易大厅。我知道他们中很多人会读这本书，我有责任向他们解释，我并不是在指责他们懒惰。我那时有很多东西要学，包括当市场平静时，经纪人真的没什么可做这个事实。我发现人们会围坐在一起读报纸或漫画。如果电话没响，你几乎不能强迫经纪人做任何事情。我认为这是我经历的最大的文化冲击——普通办公室工作和交易大厅工作之间的反差。

刚开始在交易大厅的工作让人生畏。几个月过去，你就对金钱的转手免疫了，一切不过是屏幕上的数字。有一次，我早上6点走进办公室，发现一位俄罗斯客户正在追加1000万美元的保证金。我很快算了下，以我那时的薪水，赚1000万美元需要133年。到早上7点，他已经把钱汇过来了。这是个私人交易者，让我心生敬畏，也受到鼓舞。

交易大厅里有种独特的气氛。忙的时候，它简直就是人类情感的巨大熔炉。我曾见过我的一位同事用力反复踢他的电脑，以至于IT工程师不得不过来把它换掉。

如果只看交易大厅发生的事，你很难理解金融市场是个复杂的机制。它更让你觉得像是身处于世上某个城镇繁忙的周六早市，摊主们都在试图用声音压过对方。

当你亲眼见到交易大厅里那些原始的、未经过滤的情绪在你眼前展开时，你会很难理解它是如何融入全球经济环境的，而这个环境正是构成我们现代社会和文明的基石。

冲动性买入、恐慌性抛售、继续持有亏损仓位、拒绝承认失败、贪婪、愚蠢、固执、绝望、流泪、极度沮丧、欣喜若狂、激动不已……这些都在这里上演，一幕接着一幕。

我在金融价差公司工作了一年，然后被辞退。就在同一天，我被挖到城市指数公司，它隶属于全球最大的美国政府债券经纪商毅联汇业集团（ICAP）。

城市指数公司大约有2.5万个客户，其中3000人在大多数交易日都处于活跃状态。这些客户交易货币、大宗商品、股票指数、个股、期权、债券。在我的职业生涯中，我目睹了成千上万的人执行的数千万笔交易。他们当中很少有人（如果有的话）脱颖而出，即使有人脱颖而出，也是因为错误的原因。每讲一个成功的故事，我都能给你讲10个恐怖故事。

第二章 交易大厅

没有关于伟大交易者的记忆

最近我和一位朋友聊了聊，他是伦敦一家交易公司的首席执行官。我问他，他在交易大厅工作的30年里，是否有表现突出的交易者。他说，这些年来他目睹了许多离奇的事情，但就优秀的交易者而言，他看到的非常少。

这是个在交易大厅度过了成年时光的人，而他却记不起表现优秀的交易者。我们所讨论的成功交易者的比例是如此之小，小到让人不禁要问，为什么会有人一开始就想做交易，或者是否有人能擅长这个职业。下面是我和他的谈话。

汤姆：你在差价合约（Contract for Difference, CFD）[①]行业工作了30年，一定见过一些优秀的交易者。你能给我讲讲他们吗？

首席执行官：我真希望我有的可讲。我见过很多人赚了大钱，但很少有人能留住这些钱。我刚入行时，差价合约交易并不是主流工具。有CFD账户的大多是有钱人或者业内人士。当时这些客户通常作为校友或私人关系网的一部分进行交易。他们主要交易特定股票和一些大宗商品。那时的交易种类远没有今天这么多。

汤姆：他们是出色的交易者吗？

首席执行官：不，我不认为他们是。我们有客户是伦敦金融城知名人士，但他们的个人交易业绩往往糟糕透顶，尽管他们是对冲基金交易员或者基金经理。当用自己的钱交易时，他们仿佛失去了纪律。我敢肯定，他们若按为自己交易的方式去为客户交易，肯定是不被允许的。

现在我们有了更多的小额交易者，但小额交易者和大额交易者之间的模式惊人的相似。几乎所有客户的获利交易数量都比亏损交易多。据此，

[①] 差价合约交易是通过买卖差价合约，对金融市场的走势进行预测，但并不实际买入或卖出任何标的资产的交易。

你可以说他们是不错的交易者。

然而，他们在亏损交易中的损失往往比在盈利交易中的收益要多得多。每赢1英镑，他们就会输掉1.66英镑。

汤姆：那差价合约券商是怎么从中赚钱的？

首席执行官：不管你信不信，我们希望我们的客户盈利。我在差价合约行业有个人脉网，我会定期与竞争公司的首席执行官会面。尽管我们是竞争对手，而且我们愿意做任何事情来胜过竞争对手，但我们有一个共同的愿望，那就是希望我们的客户能交易得更好。

我们尽最大努力帮助客户，我们给他们所有的工具，给他们有利的价差，给他们新闻服务。我们给他们复杂的图表包，给他们数据，给他们分析工具来评估他们的表现。简而言之，我们竭尽全力确保他们拥有获利所需的所有工具。然后我们让他们交易。问题在于，大多数小额账户往往会在短时间内亏损。

当我说我希望情况有所不同时，请相信我。我不知道作为券商，我们还能为客户做些什么。我们更喜欢客户赚钱，因为有明确的证据表明，那些交易并获利的人会继续交易。这对我们的生意更好。

然而事实是，你可以清楚地看到持续盈利的交易者和普通交易者之间的区别。他们的方法大不相同。

汤姆：你怎么判断一个交易者是否懂得如何交易？

首席执行官：有很多数据可供参考。如果要我把范围缩小到五个最重要的因素，那就是：

1. 账户规模

2. 交易频率

3. 持有盈利交易和亏损交易的时间之比

4. 在盈利时加仓还是在亏损时加仓

5. 设有止损点

可悲的是，开设一个资金少于100英镑的账户的人大概率会损失这笔钱。

过度交易的人最终会输掉他们的钱。

那些拿不住盈利交易却不肯放弃亏损交易的人，最终会亏钱。

在盈利交易里加仓的人会吸引我们的注意（积极的），但在亏损时加仓的人几乎肯定会在某个时刻连本金都输掉。

没有止损点的人也会亏损。不幸的是，我们经常看到这种情况。

如你所见，作为券商，我们竭尽所能地帮助人们赚钱，但人毕竟是人，也就是说他们总会找到方法自我破坏。

20年前的情况

我留心所有券商的情况，以确保我用的券商是最好的和最便宜的。如果能付1点价差，我为什么要支付1.5点价差呢？这是简单的经济学。我经营的是生意，我想在交易成本上能省则省。

德国DAX指数是我最喜欢的交易工具之一。现在我交易德国DAX指数时，只付0.9点价差。

然而，20年前我刚开始交易的时候，德国DAX指数的日内价差是6点到8点。我清楚地记得道琼斯指数日内交易的情形，那时想要在日内交易道琼斯指数，需要支付8点价差。如果想交易季度合约①，价差是16点。那时候道琼斯指数在10000点左右。现在我以1点的价差交易道琼斯指数，而道琼斯指数在35000点左右。

---

① 期货市场中的一种交易合约，指的是到期日在特定季度的合约。通常一个季度合约的到期日是每个季度的第三个星期五，例如3月、6月、9月和12月的第三个星期五，因此也被称为"季月合约"。

如今做交易可比在1999年做交易好多了，过去想靠交易赚钱要难得多。现在，和1999年相比，在到达盈亏平衡点之前，市场必须朝有利于你的方向的波动幅度要小得多。

现在开始交易的人还有一个巨大优势，那就是券商提供的工具。看看如今几乎所有的交易平台，你就会发现，为了帮你赚钱，券商们做出了多少努力。

你能接触到数以百计的技术研究。你有即时的新闻消息，也可以选择在线材料和网络研讨会接受培训。你还可以订阅全世界所有股票的二级数据。

你的买卖价差也很不错。如果30年前的机构交易者看到你今天的交易工具，他/她会嫉妒死。你可以从庞大的技术指标资源库中获得任何能想到的分析工具。你有布林线、凯特纳通道、均线。你有我之前从未听说过或使用过的工具。

我只想说，世界上的每个券商都不遗余力地为你提供尽可能多的赚钱机会。

但是这完全不重要，大多数人还是会失败。交易行业的失败率简直是天文数字，没人能逃过统计数据。

正常人是输家

交易者所采用的方法在本质上有错误。我们必须假设社会中的大多数人是正常的、适应力强的人。他们的行为模式虽然保留了个性的空间，但大概率是非常相似的。

从出生到死亡，从早晨到日落，一年接着一年，普通人都遵循一种非常相似的模式：思维模式、行动模式、希望和梦想、恐惧和不安的模式。我们称这个人为正常人。

如果正常就是熟悉的模式，而且如果正常就是在差价合约券商那里开个账户，接着就开始赔钱（或早或晚），那么正常就是其他所有人的代名词。每个正常人的结局都是亏钱。

这么说是不是太过分了？那让我们看看证据吧。看看在私人交易领域里，典型差价合约交易者的常态。

尽管券商给你提供了世界上所有的工具，但没人能幸免于金融市场的统计数据。除非你受过某种结构化的训练，或者你接受过来自同道中人的指点，又或者你对这项事业进行了深思熟虑，否则你很可能会在金融市场上失败。

浏览欧盟任何一个券商网站，你就会看到失败率。根据法律规定，券商有义务在他们网站的首页公布这些信息。以下是世界上一些最大、最知名的差价合约券商，以及他们的失败率：

券商	失败率
IG市场（IG Markets）	75%
麦肯斯平台（Markets.com）	89%
CMC集团	75%
盛宝银行	74%
浦汇FxPro集团	77%

截至2019年11月7日

我知道你喜欢认为自己与众不同。然而，在金融市场眼里，你在统计数据的意义上和别人是一样的。

你可以看看世界上的十大券商，这些数据没有变化。你可以去看CMC集团、IG市场、资本收益集团，也可以去看任何一家顶级或二级差价合约券商。没有一家失败率低于70%。

工具不会让你成为顶级交易者，技术也不会让你成为顶级交易者。如果你想成为一个优秀交易者，如果你想达到你知道自己可能达到的成功水平，那你就必须马上停止这种想法：交易的致富之路和你所用的工具或技术有关。

是的，你当然需要一个策略。是的，你也需要一个计划。是的，你需要理解市场。那么，如果这本书不讲工具和策略，它到底要讲什么呢？

让我从另一个角度回答这个问题吧。让我从券商、销售交易员和市场营销人员的角度来回答这个问题。

这些人交易吗？

要我说他们很可能不交易。然而，交易者从他们那里获取建议、指导和培训——指导交易者的人并不比这些交易者擅长交易。

这让我想起了弗雷德·施韦德的书《客户的游艇在哪里》(*Where Are the Customers' Yachts*)[1]，他在书中说，华尔街是世界上唯一一个让乘火车和搭公交车上班的人给坐豪华轿车和直升机上班的人提建议的地方（这句话为了现代风格而稍作修改）。指导交易者的人根本不会交易！

搞错了重点

当你参加交易讲座，阅读交易杂志或者券商的线上教育材料时，你把100%的重点都放在了我所谓的"如何"上：

1. 如何进行剥头皮交易[2]？

2. 如何进行波段交易？

3. 如何进行日内交易？

4. 如何跟踪趋势？

5. 如何交易外汇市场？

6. 如何使用一目均衡图表？

---

[1] 该书最早出版于20世纪30年代，是一本以幽默、讽刺的方式来探讨金融业内部运作的著作。

[2] 一种短线交易策略，通常指在极短的时间内（几秒钟、几分钟或几小时）进行交易，以获得小幅利润。这种交易策略在股票、外汇、期货等市场上都有应用。

7. 如何使用MACD指标或随机指标进行交易？

这是完全正常的。交易讲座和杂志的目的就是提供那些大多数人认为要想在金融市场上赚钱，他们就一定需要的解决方案。券商们亦是如此。他们提供那些他们觉得交易者需要的，以及交易者们觉得自己需要的信息。

交易行业的新人所接受的引导往往来自那些可能让他们误入歧途的人。这些引导让他们相信，技术和策略决定一切。没人告诉他们，想要从众多交易者中脱颖而出，靠的不是技术。交易者怎样看待自己的策略，以及他们遵循策略的能力，才会让他们脱颖而出。

你难道不怀疑这条路对你来说是否正确吗？当这条路上的前人几乎都失败了的时候，你难道不怀疑把所有资源都投入到这个追求里会让你无功而返吗？

你应该怀疑。你真的应该问问自己，你和其他90%不赚钱的交易者的差别在哪。如果你是正常人，也就是说你的行为和大多数人一样，那么你就不会成功。

正常不会让你成功

某个交易讲座的组织者邀请我去做个报告，讲座地点在伦敦。他们告诉我可以讲任何我想讲的东西。我决定讲讲交易行业那惊人的失败率。

我的观点是，如果90%的差价合约账户都亏钱，那问题就出在人身上。当我说每个开差价合约账户的人都是正常人，有着正常人的思维时，我觉得我的假设是合理的。也就是说，正常人的思维模式和行为模式一定存在某些本质问题，才会让他们在交易里如此失败。

现在从交易里赚钱应该比以往任何时候都更容易

我之前说过，和20年前相比，现在的买卖价差要小很多。因此，对于交易者来说，现在应该比以往任何时候都更容易赚钱。然而，事实并非如此。

人们仍然很难在交易里赚钱。本书的出发点就是要弄清这个难题的真相。我采取的主要方法基于以下事实：

1. 交易从未如此简单。IT基础设施对于交易者来说是一流的。

2. 价差从未如此之低。

3. 保证金比以往任何时候都更适宜。

4. 工具从未如此易于获得。

5. 券商们从未像现在这样为客户竭尽所能。

6. 股票指数从未如此高，这意味着存在波动性。

重申一下，我假设开设交易账户的人是正常的、适应力良好的人——没有轻慢或侮辱的意思——他们完全有能力在社会中发挥作用。

我想问的并想回答的问题是：什么是正常行为？我如何在交易时避免正常？如果我们假设80%—90%的交易者是正常人，我想避免他们的行为模式。

你是正常人吗

我的观点虽具有挑衅性，但却提出了一个关键问题：你是否像其他人一样思考，并像其他人一样进行交易？

如果是这样，你就会遇到问题。

如果你的思维和其他人一样，然后得到和其他人一样的结果，又有什么好奇怪的？

让我们来看一看正常行为是什么。

正常行为是参与到永无止境的教育循环里，寻找下一个新优势。从我读《说谎者的扑克牌》的那一刻开始，我就知道我想成为一名交易员，但我从未接受过有关优秀交易员行为的正式培训。我为什么要接受这样的培训呢？我一直被告知,一个优秀交易员应该低买高卖。但每次我低买,它总是越来越低。那么这算哪门子建议?

然而,这就是我们开始时听到的建议。这是基准,但如果这是基准,那么只有90%的人亏钱简直就是奇迹,应该有100%的人亏钱。因为低买高卖是一种必然导致失败的做法。

很多人参加周末课程,希望学到秘诀。很多人研习并学会使用诸如蜡烛图分析、随机指标、相对强弱指标(RSI)、MACD指标和移动平均线等工具。这种例子不胜枚举。总之,这些都是正常的行为。

"技术分析圣经"也错了

一旦完成了最初的学习阶段,即使"技术分析圣经"也不能对你有多大帮助。

"技术分析圣经"是由罗伯特·D.爱德华兹(Robert D. Edwards)和约翰·迈吉(John Magee)撰写的,书名为《股市趋势技术分析》(Technical Analysis of Stock Trends),自1948年首次印刷以来已经卖出了数百万册。

然而,大多数读者没有意识到的是,爱德华兹和迈吉并不是现代技术分析的真正创造者。真正创造者是一位鲜为人知的技术分析师,理查德·W.沙巴克(Richard W. Schabacker)。

沙巴克是一位出色的市场技术分析师,他几乎编纂了那个时代所有的技术分析知识,其中包括查尔斯·道(Charles Dow)道氏理论(Dow Theory)的开创性工作。

1930—1937年,沙巴克给一些认真的华尔街交易员和投资者教授了几门课。不幸的是,他于1938年去世,当时他还不到40岁。在他去世前不久,沙巴克把他课程的油印本交给了他的姐夫罗伯特·D.爱德华兹,后者在他的合作者、麻省理工学院毕业的工程师约翰·迈吉的帮助下重写了沙巴克的课程。

结果就是，编纂技术分析最初的功劳没落到沙巴克头上，反而是爱德华兹和迈吉的作品成了经典畅销书。

让我明确一点：阅读《股票趋势技术分析》这样的书是必不可少的，但请不要以为它能使你成为专业、盈利的交易者，就像读网球手册不能让你与拉菲尔·纳达尔（Rafa Nadal）对抗一样。

我看到新手在读完技术分析书后会犯经典错误。他们学习相对强弱指标和随机指标等，然后兴奋地宣布市场"超买"或"超卖"[①]了。

他们没有意识到"超买"是"昂贵"这一心理概念的一种情绪表达。他们在阅读随机指标图表后相信市场很昂贵，应该做空。"超卖"也同理。这是大脑告诉你市场很便宜、现在有利可图的另一种方式。

我举个例子。昨天道琼斯指数和德国DAX指数表现十分悲观。我整天都在做空，那是我表现不错的日子之一，所有验证过的记录都可以在我的Telegram个人频道上找到。那是2019年10月1日。

当天晚些时候，道琼斯指数跌得更低了，一名学生联系了我，问了我一个非常令人担忧的问题。

"汤姆，你看到随机指标了吗？它正深处于'超卖'区间。你认为在收盘前买入是个好主意吗？"

我答道："嗯，我在做空……也许你应该问别人。"

接着他对我做空表示非常惊讶，过了一会儿他说他已经在25590点买入了道琼斯指数。

当然，有买家就有卖家。但是，我不觉得在道琼斯指数下跌400点这天收盘前10分钟买入是一个好主意。

[①] 技术分析中常用的术语，用来描述市场价格的偏离程度。通常与某些指标如相对强弱指标、随机指标和MACD指标等指标一起使用。当市场处于超买状态时，价格已经升得过高，可能面临下跌的风险；而当市场处于超卖状态时，价格已经跌得过低，可能会面临上涨的机会。

这让我想起我20年前会有的那种思考方式。但现在已经不同了。如果我在股市疲软这天的收盘前买入道琼斯指数，那只是为了将空头头寸平仓。我非常珍视我的睡眠，我不会持仓过夜。

我对他说："你今天一整天都在找机会做空。现在却成了买家，是想达到什么目的？你是不是觉得道琼斯指数下跌了400点，现在它很便宜，也许收盘前你会看到一些人买入这些廉价股票？"

我以前也这么想，那是我还没有盈利的时候。

道琼斯指数没有在收盘前反弹。我相信我的学生没有蒙受太多损失。但我关心的不是他的钱包，而是他的思考方式。

这就是这本书的目的。它会让你以正确的方式看待市场。那就是80%—90%亏钱交易者出错的地方。

关闭学校

如果交易是一所学校，那它一定会关门大吉。毕竟，如果90%的学生考试不及格，没有哪所学校能继续运作下去。

我们差不多都是正常人，我们能很好地融入现代社会并在其中发挥作用。如果每个参与交易的人都是正常人（我假设他们是），也就是说他们功能健全、聪明、体贴、勤奋，那么为什么我们的行业有90%的失败率呢？

这根本不合理。通常，当人们努力做某件事情时，他们会成功，或取得某种程度上的成功。但是交易并不是这样的。其他职业没有90%的失败率。

如果你去看牙医，却被告知他有90%的可能没法修复你的牙齿，你会拔腿就跑。然而，这就是个人交易者面对的概率。但其实事情原本不必如此。

作为交易者，我们倾向于陷入一个永无止境的、可预测的循环。我们在一段时间内交易收益良好，于是很高兴。接着我们的纪律性变弱，然后开始赔钱。之后我们加强决心，接受更多教育。我们表现良好一段时间，然后亏钱，之后停止交易——有时是暂时的，有时是永久的。

听起来是不是很熟悉？

这个循环中让人难过的是，每个人在交易中都有表现良好的时期，每个人都有盈利的阶段，每个人都有他的高光时刻。我相信你也有。

那么究竟发生了什么？事实是，99%的人不知道怎么去亏钱。他们在亏钱时经历的情绪让他们做出不利于自己利益的行为。

情绪是受反应驱动的。比如，当你听到一个有趣的笑话时，你会大笑。这是一种情绪。但当你第二次听到这个笑话时，你不会再笑了，因为你的大脑已经习惯了这个笑话。

类似地，当你爱上一个英俊男人或漂亮女人时，你会经历强烈的情绪，内心生活也会处于美好的混乱之中。当你看到那个人，你只想表达对他/她的爱，与他/她相聚，凝视他/她的眼睛。

随着时间的流逝，那种爱的混乱被一种平静的感觉所取代。你喜欢待在他/她身边，但激情的感觉不像开始时那么明显了。你已经习惯了与另一个人在一起。

一个徒手攀岩者，在没有绳索的情况下攀爬令人生畏的岩石表面，如果一个没抓住，就会面临严重的后果。他们通过多年的练习让自己心理适应，这样他们头脑里的情绪反应中心——杏仁体，就不会在攀爬中时刻全力运转。他们很平静。

第一次参加战斗的精英士兵会害怕得要死。这就是为什么他的第一场战斗只会是一次模拟，接下来的一场也是如此，再下一场还是。逐渐地，他的恐惧会慢慢消失。

每花一小时进行技术分析，你就得留出至少15分钟的时间进行我所谓的内部分析。你得知道自己的弱点在哪，优势在哪。你也得知道自己擅长什么，不擅长什么。

如果你不花时间努力改进这些事情，你怎么会变得更好呢？极少数人（如果有的话）会进行这种内省，以获得他们想要的结果。如果你的目标是通过交易赚钱，而99%的人都在亏钱、99%的人都认为分析和策略是获利的关键，那么你就可以100%确定，分析和策略不是获利的关键。

4300万笔交易的分析

有一项研究非常有趣，是一位名叫大卫·罗德里格斯（David Rodriguez）的分析师的心血结晶，非常棒。罗德里格斯在一家大型外汇券商工作，他试图找出客户在外汇交易上失败率如此之高的原因。该券商大约有2.5万客户每天进行外汇交易。

罗德里格斯调查了15个月内进行的所有交易。交易数量真是令人惊叹：2.5万人在15个月内执行了近4300万笔交易。从统计学角度看，这给调查创造了具有统计学意义的和极其有趣的样本。

具体而言，罗德里格斯和他的同事们研究了盈利交易的数量。现在我想给你一个机会思考一下，有多少交易是盈利的，有多少是亏损的。你可以用4300万笔交易的百分比来表示。

如果你认为货币种类对你想给出的答案有影响，我可以告诉你，大多数交易是在欧元对美元、英镑对美元、瑞士法郎对美元和美元对日元中执行的。绝大多数交易都集中在欧元对美元上，这二者之间的价差非常小。不幸的是，这似乎对结果没有多大影响。

在该券商客户的所有交易中，62%都以盈利告终。也就是说，10笔交易里有6笔多一点都是盈利的。这是个很好的准确率。准确率为60%的交易员应该能从交易中获利。

当然，获利与否也取决于交易者在盈利交易里赚多少钱、在亏损交易里输多少钱。这就是这2.5万人的问题所在。

这2.5万人在准确率方面非常成功。然而，当你看到他们每笔交易的平均收益和平均损失时，你很快就意识到他们有严重的问题。当他们赢钱时，他们大约赚43个点。当他们亏钱时，他们大约亏78个点。

亏钱时亏掉的数目比赢钱时赚取的数目多，这样也没什么问题。但是，这就确实要求你要有足够高的准确率，才能抵消掉那些亏损的交易。

我的一位同事是来自南非的专业交易员，他在一家对冲基金工作，他的准确率约为25%。我将在本书后面详述他的故事，但让我在这里解释一下在他对冲基金背景下准确率的含义。

当他的对冲基金在交易中亏损时，他们会亏损1倍；而当盈利时，他们的盈利高达25倍。很显然，即使我朋友的准确率并不高（至少不是从传统的角度来看），他也是非常有利可图的。

我认为特别有趣的是，交易行业中充斥着许多错误的建议。你经常会听到交易者谈论风险回报比，这个词本身是相当无害的，除非交易者将其应用于每笔交易。

当我在我的个人频道"交易者汤姆"中公布交易操作时，我总是会宣布止损点。始终如此！然而，我经常被问到是否有预期目标。我的回答很可能是带点讽刺意味的"不，我的水晶球正在维修"，或者如果我特别烦躁和疲惫，我会粗鲁地说："对不起，朋友，你认为我看起来像算命先生吗？"

是的，我知道——这不太礼貌。对不起。请忽略我在第450次面对同样问题时没办法做到礼貌应对，我不宣布交易的目标有更深层次的含义。它和风险与回报有关。

风险与回报

我个人认为整个风险与回报的概念是有很大的缺陷的，但由于我是唯一一个谈论这个问题的人，我承认我可能是错的。不过，请听我说完。

我怎么知道我的回报是多少？我根本不知道。即使我假装知道，例如使用测得波动计算（Measured Move Calculation）或斐波那契扩展（Fibonacci Extension），我也很了解自己，我知道我会在交易过程中加仓。当达到了盈利目标，我不会清空仓位，因为这就是我的理念。

如果达到盈利目标就清仓停止交易，而之后市场走势更好，我会踢我自己。我宁愿放弃一些利润，也不愿错过更大的潜在利润。

我也许在这点上小题大做了，但设置盈利目标不适合我。我想看市场会给我什么，我也准备好接受这可能意味着我将放弃一些未实现的利润这一现实。我已经记不清有多少次我在道琼斯指数中赚了100点，最后都变成了零。

在写这部分的一周前，我就有一个这样的盈利交易，盈利最后变成了个巨大的零。一些不太高兴的交易者在我的实时交易频道里质问我为什么不尽早获利了结。这很难解释，但都与痛苦有关。

和100点利润说拜拜给我带来的痛苦，远不及兑现了100点利润却发现市场朝着对我有利的方向越走越远的痛苦。

正因为这种理念，有时我能获得400—500点的收益，就像今天这样。这两种理念非此即彼。我认为你做不到两全其美。

盈利的交易者和亏损的交易者

几年前接受美国有线电视新闻网（CNN）采访时，我被问到成功的交易者都有哪些特质。在这次非常坦诚的采访中，我强调了几个我认为区分盈利的交易者和亏损的交易者的特点。这基于我在券商交易大厅观察数百万散户交易员交易的经验，以下是我发现的主要区别：

1. 试图找到低点

当市场趋势向下时，不管是在日内还是在更长的时间范围内，散户交易者似乎有一种试图找出这一走势低点的倾向。

无论是出于想要便宜买入的愿望，还是因为他们使用了无效的工具，我无从得知。我知道的是，这种特质对于任何人的交易都是极其有害的。

盈利的交易者似乎更相信当前的趋势。这种态度的调整可能看起来微不足道，但它实际上是赢家和输家的区别。

随着时间的推移，亏损的交易者会重复他对当前趋势的不信任，并建立与之相反的仓位。他会这么做，是因为从情感的角度来看，他似乎正在便宜的市场买入，或者在昂贵的市场做空。

这是一种情绪上的满足，就像从当地超市以50%的折扣买卷纸一样，但金融市场不是超市。没有"便宜"，也没有"昂贵"。只有当前的价格。

然而，盈利的交易者对"便宜"或"昂贵"的想法没有情绪依附。他关注的是现在这一刻，在此刻，市场正拥有某种趋势，他相信这个趋势，并且能够冷静地加入这一趋势而没有内心的不适。

2. 试图找到高点

反之亦然。当市场走高时，交易者往往希望找到卖空的地方。虽然必须说，人们通常更擅长加入已经上涨的市场，而不是在已经大幅下跌的市场卖空。

如果市场价格上涨了很多，尤其是在短期内，散户交易员倾向建立空头头寸。还是那句话，这可能是对"便宜"和"昂贵"事物的扭曲观念的结果。

3. 认为每个趋势的小幅反转都是一个新趋势的开始

我曾经在交易大厅里度过了金融市场最黑暗的时期。例如，2008年9月15日，雷曼兄弟宣布破产，道琼斯指数下跌了4.5%。

在那个交易日中，股市有两次试图反弹，但都失败了。看到那么多客户试图在当天的低点买入，却发现道琼斯指数越走越低，真是可悲。

第二章 交易大厅

那天，只要五分钟图表上出现一根绿色K线[①]，我们就会在交易大厅的头寸监视器看到买单。客户们似乎被一种观念所控制：低点就要到了，他们必须买入。

低点没有在那天到来。也没有在第二天到来。

这是交易者的一个常见特点。他们认为每个趋势的小幅反转都是一个新趋势的开始。在下跌的市场中试图抓住低点而损失的财富比在所有战争中损失的财富还要多（好吧，这是个未经证实的表述，但请不要试图抓住低点）。

对我来说，很明显，新手们，可能还有一些经验丰富的交易者——无论盈利与否——都认为成功的交易全在于图表。

这种想法对他们的账户是不利的，因为没有人花时间告诉他们不是这样。没有人告诉他们，或者想要告诉他们，或知道得足够多因此能够告诉他们，实际上把所有的时间花在图表上是一个错误的策略。我们将在下一章进一步探讨这个问题。

---

① 在欧美股市里表示阳线。

第三章

每个人都是图表专家

我曾声称,你可以用一个周末学完技术分析的基础知识。我可能有点夸张了,但也只是夸张了一点点。

我非常清楚地知道,一个图表专家并不等同于一个交易专家。我见到我很多交易行业里的朋友建立了让人印象深刻的技术指标库,掌握了众所周知或鲜为人知的技术指标知识。但这些并没有转化为更多的收益。

当涉及图表时,越简单越好。

你可以让图表无比简单或者无比复杂。交易者们似乎有一种倾向,把图表弄得比实际需求更为复杂。我见过许多新手交易者在图表上有太多工具,以至于几乎都看不到价格图表本身了。

当人们看到我的图表屏幕时,他们会感到惊讶,特别是新手们。那上面没有任何指标,一个都没有。我可能有点老派,但我不需要这些额外的工具。

作为交易者,我的工作是找到低风险的交易机会。除了价格本身,我的交易方法不以任何工具为中心。所有指标都或多或少地从时间和价格构建而来,所以,指标是我眼前所见现实的一种扭曲。

市场可以区间波动,也可以趋势波动。一些指标在区间市场中表现良好,而在趋势市场中往往表现糟糕。其他指标在趋势市场中效果很好,但在区间市场就不好用了。

我一位知名的交易朋友曾在现已关闭的交易聊天室"狂热交易者"（Avid Trader）上说过："所有指标都有有效的时候，但没有一个能一直有效。"

我认为在90%的赔钱的交易者中，很多人都有很好的图表阅读能力。他们可以很好地阅读图表，也能理解模式。

然而，我认为，交易远不止了解头肩形态、K线形态或斐波那契比率。

我见过杰出的交易者仅凭简单的十分钟图表就能处理价值数百万英镑的股指期货合约。事实上，我每个交易日都会这样做。

我确实相信，将1%的交易者和99%的交易者区分开来的是他们在交易中的思考方式，以及他们在交易时处理自己情绪的方式。这并不是说学习图表阅读的技术没有价值。从我个人的经验来看，我知道图表分析对我的决策制定是绝对必要的，但这只是整个交易的一小部分。

出售交易课程的大师数量日益增多，这说明人们有学习交易艺术和技术的需求。我猜测周末课程这种"捷径"比花时间阅读专业书更有吸引力。

如果一位教授周末交易课程的大师声称，你在周日晚上就能像"身价百万的专业人士"那样交易，那么有很多人会毫不怀疑地选择这个课程。走阻力最小的路是人之常情。

学习任何新技能都需要时间。因此，当你看到一个广告说"30天学会一门新语言"，你可能不会有意识地相信，但在潜意识里，你想相信，因为人们喜欢走捷径。同样，一本承诺你一年内减重5公斤的减肥书不太可能像一本承诺你两周就能减重5公斤的书那样卖得好。

我的人生理念与很多其他人不同，这就是为什么我拥有许多人梦寐以求的东西。我会选择阻力最大的路，因为我知道我需要远离99%的人的意见。

如果你认为我自负，那你就完全会错意了。我对自己没有夸大的看法，恰恰相反，我会认真决定自己想要什么，然后朝着这个方向努力。这本书反映了这种理念。

第三章 每个人都是图表专家

你真的可以成为交易大师，你真的可以住你想要的房子，开你想要的车。但是你必须相信我，为了得到你想要的，你需要像那1%的人一样思考。事实上，你甚至不需要像1%的人那样思考，你只需不要像99%的人那样思考就行。

下面的交易就是一个很好的例子，说明了心态是如何每天都能战胜技术分析的。在这个例子中，我做空了德国DAX指数。但由于触及了止损点，我止损出局了。后来我很懊恼，因为在我的止损点后1个点左右，市场就反转，沿着对我有利的方向发展了。我的止损区间设置得太小了，不过我没有失去理智，而是不再去想它。

让我稍作停顿。你知道为什么有些运动员在表现不好时会发出沮丧的喊叫吗？我看到塞雷娜·威廉姆斯（Serena Williams）在温布尔登网球比赛中输掉一个重要分数之后大喊了一声，就思考了一下这个问题。

我认为他们大叫是因为这是一种重置思维的方式，能让他们重新找回平衡，再次进入状态。大叫一声帮助他们摆脱沮丧，重新找到内心的平静和平衡。

我在12479.80点再次进入做空位置。下面是我交易时的截图。

表3.1 交易截图

		数量	入场点	当前价	浮盈/亏
德国DAX指数（Germany 30）	卖出	200	12479.8	12478.5	260.00欧元
道琼斯指数（Wall Street 30）	卖出	200	27044	27046	-500.00美金

图3.1显示了交易时的情形。

德国DAX指数已经跳空上涨。你知道吗？在所有跳空缺口中，只有48%会在同一交易日被填补。

跳空发生后的第三个交易日，76%的缺口被填补。为什么我要告诉你这个呢？因为不要相信那些声称所有跳空缺口都会被填补的交易书。不是这样的！

我做空德国DAX指数是因为图表上的第二根K线，相对于开盘的第一根十分

最懂输的人才能成为赢家

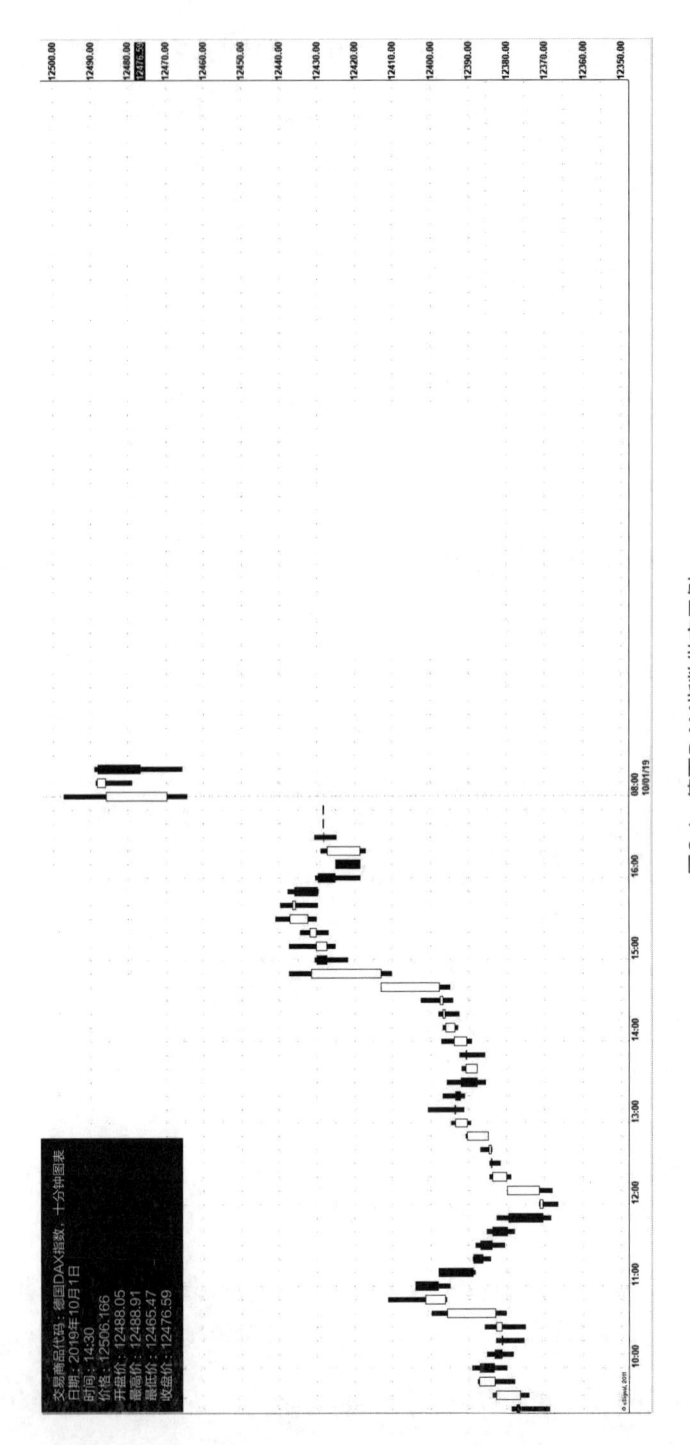

图3.1 德国DAX指数做空示例
（资料来源：电子信号eSignal期货交易软件）

钟K线来说，这是个内包线（Inside Bar）[①]。第三根K线的收盘价低于内包线的最低价。我得到了卖出的信号，因为第一根K线的高点与之前的高点价格相同——一个双顶形态。我设置了止损位，作为交易者，我已经完成了我的工作。我确定了一个低风险的进场点，并设置了止损点。

此时此刻，我的命运就掌握在市场手里了。也许这将是一笔伟大的交易，也许不是。谁知道呢？没人知道。在本书继续之前，我想问你几个问题，这是几个需要你仔细思考的问题。

假设你相信整个风险与回报理论，并决定将利润目标定为40点。你选择了40点的利润目标，是因为你冒了20点的风险。因此，你认为风险回报比是2∶1，也就是两份利润对应一份风险，听起来不错。

这听起来很棒，几乎没有哪一本交易教材会反对它。但我反对它。我想问你几个简单的问题。

如果你在这个做空仓位赚了40点，市场继续朝着对你有利的方向移动，你会有什么感受？如果几小时后，你看到市场在你退出后又下跌了100点，你又有什么感受？

我认为"风险与回报"的概念是由一位不理解风险以及大脑与风险之间联系的学者设计出来的。我认为这位学者为了避免痛苦而创造出这个概念，来保持内心的平静。

50分钟后，德国DAX指数填补了缺口。如图3.2所示。这个做空仓位处于盈利状态。

我的一位同事也跟着我进行了同样的交易。图表看上去对我们很有利。我们一起讨论了这次交易，对话内容如下：

[①] 一种价格图表形态。由一根较长的K线和一根较短的K线组成，短K线的高低价区间在长K线的高低价区间内部。内包线通常被认为是一种短期的趋势反转信号。

最懂输的人才能成为赢家

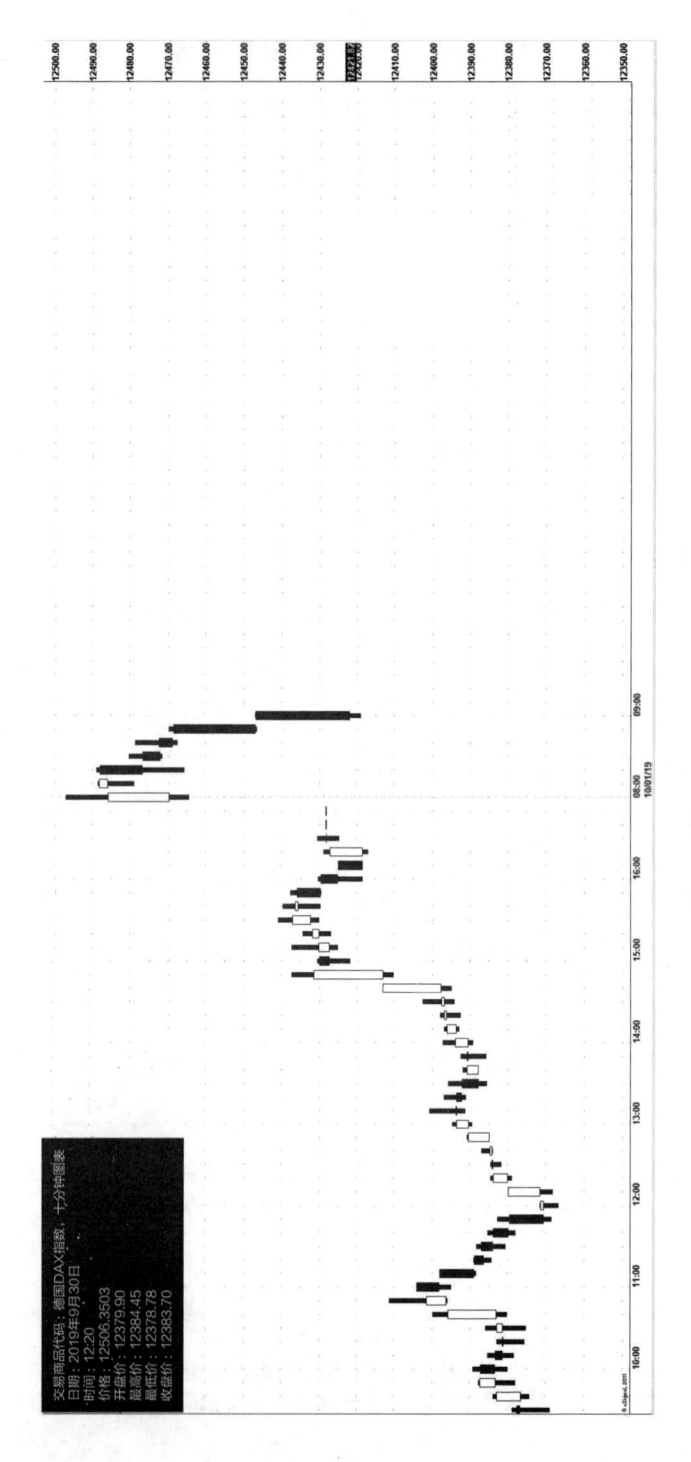

图3.2 处于盈利状态的德国DAX指数做空仓位
（资料来源：电子信号eSignal期货交易软件）

> **朋友**：我有点想获利退出了。你在这次交易里有什么目标吗？
>
> **汤姆**：朋友，我交易时不设目标。让我们看看市场会给我什么。止损位设在盈亏平衡点，我们不会亏钱的。
>
> **朋友**：是的，我知道。但昨天的交易不太理想，我赔了150点，我错误地判断了市场。我有个想法，但它没奏效。不管怎样，我亏了150点。如果我现在平仓，就能弥补今早的交易损失，并挽回很多昨天亏损的点数。你觉得怎么样？
>
> **汤姆**：我认为你在以昨天的经验交易。你没有清空自己的大脑，你没有专注于当下，而是专注于过去。你试图回到情绪平衡。因为你无法摆脱昨天的亏损，你处于失衡状态。因此，你没有根据交易本身的价值来判断交易，而是根据交易过去的价值来判断。你没有看到世界的真实面貌，你只看到了自己的想法。我知道结束交易是一个令人宽慰的想法。然而，我们交易不是为了不赔不赚。我们交易是为了赚钱。

你能理解交易是一种心理游戏吗？它是一种情绪游戏。我的朋友显然因为昨天的亏损而受到打击。他把亏损带到了第二天，这影响了他的决策。

回到2007年，我受邀观看温布尔登网球决赛。我的朋友是媒体行业的大名人，拉尔夫·劳伦（Ralph Lauren）邀请她去观看网球决赛，还可以带一个客人。于是，我坐在了贵宾席里，旁边就是当时世界上最出色的高尔夫球手之一卢克·唐纳德（Luke Donald）。

他说话轻声细语，非常有礼貌。我们聊到了泰格·伍兹（Tiger Woods），我问了他一个相当直接的、关于与泰格·伍兹竞争的问题。

"泰格·伍兹是比你更优秀的高尔夫球手吗？"

我觉得他的回答非常有见地，以至于我永远不会忘记。他说：

"如果从我们的推杆能力或击球距离来衡量,我不觉得泰格·伍兹是比我更出色的高尔夫球手。但泰格·伍兹确实有一种惊人的能力,他能忘记他的错误并继续前进。

"例如,我们可能都在第15洞推得不好。但当把球放到第16个球座上时,泰格好像已经忘记了在第15洞发生的事情,他完全沉浸于当下。

"而我则会一直纠结我在第15洞犯的错误,这会影响我在第16洞的表现。"

这个观点颇具洞察力,它道破了是什么让某一领域里最优秀的人脱颖而出。关键就在于心态,以及它在某些时刻所处理的东西。它是对你有利还是不利于你?

认知失调

我那朋友在脑中进行着翻来覆去的对话,争论着该不该获利退出。我对这种对话并不陌生。尽管我有多年的交易经验,但我仍然会有这些想法。当它们出现时,我会注意它们,然后专注于图表和它告诉我的信息,不去看收益和亏损(P&L)。

我的朋友正在经历的是所谓的认知失调(Cognitive Dissonance)。在心理学领域,认知失调是指一个人同时持有两种矛盾的信念或思想时所产生的精神不适或心理压力。这种不适是由一个人的信念与相反的新证据发生冲突引起的。当面对与自己的信念、理想和价值观相矛盾的事实时,人们总会试图找到一种方法来解决这种矛盾以减少不适。

对于你的理性思维来说,解决盈利头寸带来的压力的最好方法就是平仓,解决亏损头寸带来的压力的最好方法就是放任其不管。

作者利昂·费斯汀格(Leon Festinger)在他1957年的著作《认知失调理论》(*A Theory of Cognitive Dissonance*)中提出,人类在现实世界中会努力追求内在的心理一致性。他说，经历内部不一致的人往往会产生心理不适，并积极地去减少认知失调。

一种减少不适的方法是做出改变来证明产生压力的行为是合理的，比如在认知里添加新的未经证实或无关的信息，或者避开可能加重认知失调程度的状况和矛盾信息。

就我朋友而言，他很矛盾，他把痛苦与昨天的表现联系在一起，他有机会通过立即平仓来消除这种痛苦。他为了让自己的逻辑合理而忽略市场提供的关于他仓位的信息。市场参与者都认为应该做空市场，但他却忽视了这一点。从逻辑的角度来看，这一切都说得通。从情感的角度来看，这是一种不一致的交易方式。我们昨天的交易对今天的市场没有任何影响。

今天是新的一天，要面对新的情况。但在大多数人心里，前后两个交易日是相关的。在我们的想法中，我们今天是在继续着昨天的事情。"为什么不是呢？"我们告诉自己。

你说你可以每天早上"重置"你的情绪吗？你可以在晚上与爱人大吵一架后上床入睡，醒来时情绪重置并处于平衡？我对此表示怀疑，至少，要做到这些不能不经过有意识的努力。正是因为这个原因，我会在交易日开始前用一个流程来热身。我将在本书的后面介绍这一点，毕竟，这就是本书的主题。这是一本指南书，教你如何避免90%的人都逃不掉的陷阱。

那么，造成我朋友困扰的源头是什么？是恐惧。纯粹而简单，他害怕失去他赚到的纸上利润，他迫切希望回到一个平静的情绪状态。他不再按图表交易，也不再按市场交易，他正在按自己的内心状况交易。

恐　惧

我朋友的内心是恐惧的。他害怕现在的交易盈利不能弥补昨天的损失。他害怕目前的利润会减少，甚至在最坏的情况下会消失。他承认他不能在这次交易里亏损。止损位现在已经设在盈亏平衡点了，但不幸的是，这没给他带来多少安慰。

我曾读到一句让我会心一笑的话：你想要的一切都在恐惧的另一边。然而，恐惧是我们生活中不可或缺的。人类的大脑是几百万年来人类进化的产物，那些帮助我们祖先生存下来的本能已经刻在我们脑中。在某些情况下，我们需要恐惧来确保我们的生存，但我们的许多恐惧对交易来说并不适宜。

我们的思维有个主要功能，那就是保护我们免受痛苦。如果你在生活中引入翻天覆地的变化，你很可能会面对这种痛苦。在变化中建立忍耐力的一个聪明方法是慢慢引入变化。

比如，你给自己设定了一个雄心勃勃的目标——跑一次马拉松。你达到目标的方法是循序渐进地塑造自己的身体和心理。大规模交易也需要同样的过程，你要给自己大脑时间，来学习如何处理赌注更高时亏钱带来的心理痛苦。

把自己与他人比较毫无意义。当然，你可以从别人身上汲取灵感，但要明白，这是趟个人旅程，而你的任务是达到一种平衡的心态，无论你交易规模的大小。

菲利普·珀蒂

很早之前我看过一部关于菲利普·珀蒂（Philippe Petit）的纪录片。珀蒂是一位法国艺术家，他在美国世贸中心的两栋大楼之间绑了一根钢丝，然后在上面走了几趟。

让我震惊的不是这项不可思议的壮举，而是他的准备工作。

为了完成这一壮举，珀蒂花了7年左右的时间来进行身体和心理的训练。你以为他只是拍拍屁股就出发，并希望一切顺利吗？不。实际上，与他最后的完成的高度相比，他最初的训练高度是相当适中的。

珀蒂是一个令人着迷的人，他所面对的恐惧远超常人。通过研究他的方法，我更加了解恐惧，并能更好地识别自己的短处。

观　想

"在我准备走钢索跨越从塞纳河到达埃菲尔铁塔的第二层这段距离之前，长达七百码（约640米）的斜索看起来如此陡峭，恐惧的阴云如此真实，我很担心。索具计算是否存在错误？"

珀蒂是如何克服这些疑虑的？

通过一个简单的观想（Visualisation）练习。

"通过想象最好的结局，我当场就化解了焦虑：我在25万人的欢呼中，迈出胜利的最后一步。"

除此之外，珀蒂还夸大他的恐惧。他建议不要强行克服或战胜恐惧，而是让其慢慢壮大，再去驯服它，这样当你最终直面自己的恐惧时，你会发现它的威胁竟如此平淡，以至于你会失望：

"摧毁恐惧的一个巧妙工具是，如果噩梦轻拍你的肩膀，不要马上转身，等着被吓到。而是暂停一下，设想更多的情况，夸大恐惧的程度。做好你会非常害怕、在恐惧中尖叫的准备。你的预期越疯狂，你就会越安全，因为你会发现，现实远没有你想象中的那么可怕。现在转过身来吧。看到了吗？并没有那么糟糕——你已经笑起来了。"

他接着说他和其他人一样也有恐惧。他特别谈到了他对蜘蛛的厌恶：

"我声称自己在地面上没有恐惧，但这是谎话。我会自嘲地承认我有恐蛛症和恐犬症。因为我觉得恐惧是一种知识的缺失，所以征服这种愚蠢的恐惧对我来说很简单。

"我会说'我现在太忙了，但当我决定克服对腿太多（或者腿太少，毕竟蛇也不是我的朋友）的动物的厌恶时，我知道该怎么做'。我会阅读科学报告、观看纪录片、参观动物园。我会去采访捕蛛者（有这个职业吗？）来了解这些生物是如何进化、狩猎、交配、睡眠的，还有最重要的是，这些毛茸茸的可怕生物害怕什么。然后，就像詹姆斯·邦德（James Bond）一样，我可以让一只塔兰图拉蜘蛛在我小臂上跳舞。"

珀蒂的走钢丝表演仍然是公共艺术史上最著名、最惊人的表演之一。他说这种行为背后没有什么原因，用他自己的话说：

"对我来说，这很简单。人应该活在生命的边缘。你必须叛逆，拒绝把自己束缚于规则中，拒绝自己的成功，拒绝重复自己，把每一天、每一年、每一个想法都看作是真正的挑战，然后你就会在一根紧绷的钢丝上生活了。"

自我，以及美妙的失败

我不喜欢陈词滥调，它们体现了独创性思想的缺失。我会对那些兜售陈词滥调的人冷嘲热讽。人们常说，应该让利润奔跑，截断亏损。话是这么说，但我该如何处理让利润奔跑所带来的恐惧呢？

当一位女性朋友告诉我她正处于一段虐待关系中时，另一位朋友不以为意地说解决办法就是"离开这个混蛋"，这也是陈词滥调。虽然事实上它是正确的，但它毫无意义。

当解决方案显而易见时，问题往往不止一个。这就像告诉一个酗酒者要戒酒一样。他喝酒是有原因的，他难以戒酒也是有原因的。

失败存在吗？我来自那种很少会因为自身成就而得到表扬的家庭，取得成就是理所当然的。相反地，我的失败总是被指出，而且通常不是以建设性的方式被指出。

我必须重新训练自己的大脑，不再害怕犯错。我小时候总喜欢说："这不是我的错。"现在，我为每个问题负责，一切都是我的错。我善于犯错误，这样我就可以从中学习。

如果你告诉自己的大脑，失败是可以接受的，那么失败就是你生活里的朋友。我参加了一档有关交易和投资的广播节目，节目的焦点是我与另外两个交易员之间的竞争。

竞争总是非常激烈，每周我们都会被问及我们的投资组合。我的交易风格相当黑白分明。如果我认为市场会下跌，我就会购买一些看跌期权或空头证券，反之亦然。

很久以前我就学会了一个诀窍：让记者闭嘴的最好方法就是百分之百诚实。因此，当广播主持人挑衅我说"嗯，汤姆，你错了吧？"时，最糟糕的反应就是开始为自己辩护。如果我开始找借口或采取防御姿态，那只会让局面雪上加霜。

这是对生活的一个很棒的比喻：承认错误，然后了结此事。所以，当广播主持人用连珠炮问题试图让我为自己辩护时，我总是朝着相反的方向加倍回击，我会说："哦，我的天啊，我觉得我再怎么努力，都不可能错得更离谱了"，或者"哦，天啊，就算是一个五岁的孩子也能做得比我好"。

交易思维的颠倒

根据我在城市指数公司工作期间对客户行为的研究，我得出结论：绝大多数人的心理思维模式是不健康的。在没有理由害怕的时候，他们会感到害怕，而且这种情况通常出现在他们的仓位盈利时。

不管我怎么去解释，他们都害怕损失。在仓位盈利的情况下，他们害怕失去账面上累积的利润。

当仓位亏损时，他们不愿意承认亏损。就好像只要仓位还没平，它仍然可能盈利一样。在我看来，他们用希望代替了恐惧。他们希望亏损仓位能够回到盈亏平衡状态。

回到之前德国DAX指数的例子，我朋友没有平仓，我尽力帮他减轻痛苦。他把止损点下移，这意味着如果市场再次反弹，他仍会赚到一些利润。

根据我的经验，如果你能引导一个人完成一笔成功的交易，让他/她坚持该交易，你就开始建立正确的神经关联了。交易者将体验到坚持这笔交易的快感，他们会体验到锁定越来越多利润的喜悦。

市场的后续发展让我的朋友欣喜若狂。然而，他还是很明显地一直找理由获利退出。不能获利了结，让他很不舒服。

值得称赞的是，在我坚信市场只表现出了疲软的激励下，他坚持了这笔交易。很快，市场就奖励给我们一个突然的流动性真空（Liquidity Vacuum）[①]。当市场给我意外收益时，我尽量不让自己过于兴奋。然而，即使我一个人在办公室，也情不自禁挥地挥拳庆祝。

整个交易过程都能在我个人频道2019年10月1日的记录里看到。见图3.3。

埃隆·马斯克

我不是特斯拉公司的粉丝。因为我曾做空特斯拉，亏得很惨。是的，我知道，这是个愚蠢的原因，尤其考虑到特斯拉似乎是很好的车。

然而，我是埃隆·马斯克（Elon Musk）的粉丝。我们在生活中必定会犯错误，但是错误就像燃料一样推动着我们进步的火箭。说到火箭，你认为像马斯克这样的人如何处理失败？

他试图做到一些令人难以置信、彻底改变生活的事情，比如电动汽车的普及和太空殖民，而且是在全世界的关注下做这些事。

[①] 指市场上某个品种的流动性非常低，交易者在该品种中买卖往往面临交易价格波动大、成交量小的情况。

第三章 每个人都是图表专家

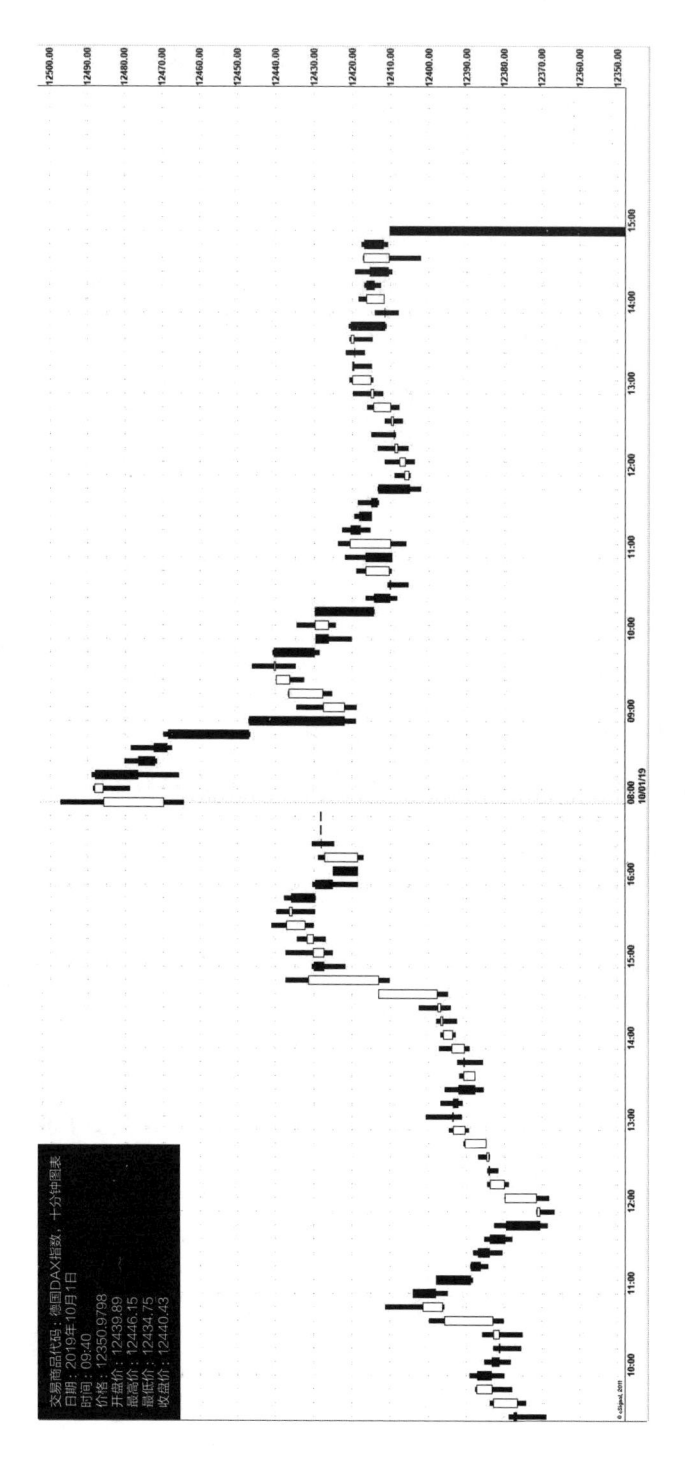

图3.3 德国DAX指数做空示例
（资料来源：电子信号eSignal期货I期货交易软件）

对他来说，失败的可能性一直存在。不仅如此，他的失败还会成为惊人的头条新闻。然而，马斯克却继续前进，做着极具风险但也极为重要的事。

他如何处理对失败的恐惧？他是否完全不怕失败，还是他天生就有某种克服焦虑的韧性？

显然不是。马斯克曾公开表示，他会非常强烈地感到恐惧。那么，面对这种恐惧，他是如何坚持下去的呢？

马斯克克服恐惧的能力来自两个主要因素。第一个因素是他对项目的无比热情。他承认，SpaceX（美国太空探索技术公司）是一个疯狂的冒险，但他有一个强有力的理由来推动这个项目：

"我得出结论，如果不去改进火箭技术，我们将永远被困在地球上。人们认为科技每年都会自动变得更好，但实际上并不是这样。只有聪明人疯狂地努力让它变得更好，它才会变得更好。

"如果人们不去努力，就科技本身而言，它实际上会逐渐衰退。比如说，看看古埃及人，他们能建造令人难以置信的金字塔，之后却差不多忘了怎么建造金字塔。历史上有很多这样的例子。熵不是站在你这边的。"

马斯克不愿袖手旁观，看着历史重演。

第二个因素是马斯克所谓的宿命论（Fatalism）。只关注为什么冒这么大风险并不总能克服犹豫。对马斯克来说也不行：

"有时候，宿命论在某种程度上有所帮助。如果你接受了概率，那就会减少恐惧。在创办SpaceX时，我认为成功的概率不到10%，我只是接受了我可能会失去一切的事实。但是也许我们会取得一些进展。"

他不是唯一一个使用这种方法的人。想象最坏的情况可以让我们客观地评估我们想实现的目标。直面恐惧可以消除它对我们的影响。

我是不是偏离原来的交易之旅太远了？

我不这么认为。我从许多来源汲取灵感，无论是交易界内还是交易界外：科比·布莱恩特（Kobe Bryant）、拉菲尔·纳达尔、克里斯蒂亚诺·罗纳尔多（Cristiano Ronaldo）、塞尔吉奥·拉莫斯（Sergio Ramos）和查理·芒格（Charlie Munger）等。

这些人截然不同，但他们都痴迷于他们的旅程、丰富他们的生活和完善他们的技艺。研究他们的工作方法你就会发现，他们找到了他们热爱的事情，即使没有报酬，他们仍然会去做。我相信他们也是商人，也会关注收入情况。但是，他们似乎是出于对事业的热爱而从事自己的工作。

你是否非常渴望它

你有多渴望它？这个旅程是否适合你？我不知道，只有你自己可以回答。容我问你一个问题：什么是你其他的选择？

你正在读这本书是因为你想做好交易。也许你已经去过我的实时交易频道，看到了我的交易哲学给我带来的收获。你想要学习更多。我对此表示赞赏。

也许现在是时候承认交易的本质了？它是一种暴露你所有缺陷的好方法，也是一个突出你优点的好方法。通过我的交易和研究，我发现了自己性格中的弱点。

对我来说，以交易金融市场为谋生手段的附带作用是，它培养了我的性格。我比以往更有耐心了，也比以前更加专注和自律了。

失败是我们最伟大的学习工具之一。

疑虑时刻

你真的想要盈利的交易吗？在我的职业生涯中，我不得不几次回答这个问题。一路走来，我不得不做出一些牺牲。曾经有一次，我被导师指出我的努力不够真诚。

最近，我和一位朋友共进晚餐。我已经认识他15年了，我在英格兰北部的某地开办讲座时遇到了他。当我在曼彻斯特发表有关交易的演讲时，他问我能否向我咨询，我自然同意了。

我们用餐时，他变得非常活跃。他在表达对交易的挫败感时，一度将一杯水打翻。他从没提到具体问题，因此我很难确定他交易中问题的症结所在。

我很清楚，他真的处于困境，需要帮助，但我无法确定我应该提供哪方面的帮助。因此，我在一个我认为合适的领域给了他帮助。我提出查看他的交易记录，我认为这是我能真正帮助别人的唯一方法。这是一项艰巨的工作，但至少我能了解他是个怎样的交易者。

我们道别时，他告诉我他会把他的记录发过来。我答应了，并说我期待听到他的消息。我写到这里时，他还没有给我发邮件，也没有在手机应用上给我发信息。一片沉默，一个字都没有。

如果有人想在我急于提高的领域给我提供帮助，而且这个人还是该领域的专家、我的朋友，我会尽快甚至立即回复。但是，到现在四到五天过去了，我什么消息都没有收到。

你觉得他有多渴望这个东西？你觉得他有多迫切？我怀疑他究竟有多想成功。我曾多次观察到这种情况，某个学生声称自己真的很感兴趣，但实际上只是说说而已。

这让我想起著名交易员艾德·斯科塔（Ed Seykota）与另一位出色的交易员朋友之间的一次对话。这位朋友告诉艾德，他打算教授一个亏损的交易者一些他交易中缺失的要点，把他变成盈利的交易者。艾德停顿了一秒钟，然后说这位朋友将无法教会那位学生任何东西。他说，一个亏损的交易者不会想要改变自己。只有盈利的交易员才会这样做。

我们可以向比我们更优秀的人寻求指导。俗话说，只有遇到更强的对手，你才能变得更强。我指导过许多已经有信心进行交易的人，我只是提供了一些改进方法和建议。

我不知道我那位朋友是否会再联系我。我知道的是，很多人开设交易账户是希望赚钱。他们的努力与他们的期望不成比例，而他们的结果与努力程度一致。他们只是不够努力。

在进入下一个话题之前，我想提醒你：我是一个使用图表的交易者，但这并不意味着我认为图表是我交易盈利的原因。我曾看到技术分析师恐"高"。也就是说，他们没办法让利润奔跑，因为他们总是看到高空阻力。

我把下一章叫作"形态的诅咒"，因为我完全相信，虽然形态能帮助我们，但也会让我们的交易生活变得困难。在寻找形态时，我们看到了一些根本不存在的东西。

第四章
形态的诅咒

如果去掉图表的时间轴和价格轴，你可能无法区分五分钟图表和一小时图表。

从某种意义上说，这是个好消息。这意味着我们可以完善我们的技术，然后找到适合我们交易风格的时间框架。能够集中精力长时间交易的交易者会发现一分钟图表和五分钟图表都能提供很多赚钱的机会。

有时间限制的交易者可能更倾向于使用较长的时间框架，比如一小时图表或四小时图表。这意味着他/她不必那么频繁地查看图表。

在确认入场点和离场点方面，图表远远优于基本面分析，而且无论我选择的时间框架是什么，我都可以使用相同的工具。

我反对基本面宏观分析吗？如果我无视基本面，那我就是个傻瓜。这两者不应该是对立的，它们应该携手并进，因为它们相辅相成，能互相弥补彼此的缺陷。

然而，我不会说图表分析就是圣杯。是的，利用图表交易让我赚了很多钱，但并不是我的读图能力让我成为一个富有的交易者。

我不相信在交易方面有圣杯的存在，我当然也不相信图表分析就是圣杯。

形态识别倾向

*Apophenia*是一个拉丁词汇，它的意思是形态识别倾向（Patternicity），指的是

一种看到并不存在的事物的行为,一种在无关事件中寻找有意义的形态和联系的倾向。形态识别倾向通常是无害的,但它也可以用来支持缺乏证据的信念,比如阴谋论。

我们的大脑往往会寻找那些符合我们已经认定了的偏见的信息。因此,在图表分析中做到完全客观几乎是不可能的。

我早期的导师布莱斯·吉尔摩(Bryce Gilmore)曾经评论过这个事实。他对我说:"汤姆,你在市场和图表上只能看到那些你训练自己的眼睛去看到的。"

阿娜伊斯·宁(Anaïs Nin)也有过这种智慧的另一种表述。她说:"我们看到的不是事物本身,而是我们眼中的世界。"

"这和交易有什么关系?"我听到你问。很久以前我有一个朋友,他在交易中赚了很多钱。他叫尼克,是一个很棒的交易者,直到2004年,他开始阅读零对冲(Zero Hedge)的文章,并相信里面的一些作者和投稿人,对股市转向悲观态度。他不断做空,但股市却节节攀升。他就是不能接受2000—2003年的熊市之后市场不再下跌了。他看到的不是市场本来的样子,而是他自己的样子。他持消极态度,就解读出熊市会继续。他不再依据他看到的事实进行交易,而是让自己的看法影响了客观性。

尼克已经不再做交易了。

我不想写一本关于图表分析的书。市面上已经有很多技术分析的书了,但我怀疑那些作者是否做过全职交易。我认为他们这样说服自己:因为他们有交易账户,并且偶尔交易,所以他们有资格写一本有关交易的书。

虽然我全职交易,但我真的不认为我能给图表世界再增添什么新东西了。图表并没有让我赚钱,指标从来没有让我赚钱,比率和波段也从没填充我的银行账户。

由于我将要列出一些图表,我想对你说明,这是为了证明一个观点,而不是向你宣传技术分析的好处。

趋势线狂热

在我们学习图表的早期阶段，我们会接触到趋势线。趋势线很容易使用，它们给人展示出一种很棒的交易策略的感觉，尤其是在**交易过后**使用的时候。

图4.1显示了一张不带修饰的图表。勤奋的图表分析师开始画趋势线，由此掌握市场一整天的概况。

记住，大脑的首要目标——允许我重复一遍，**首要目标**——是避免经历痛苦。亏损的交易即痛苦。

因此，大脑会向眼睛发出信号，让它们忽略那些没用的交易设置。这种选择性偏见会扭曲趋势线的有效性。

你可以用图表软件中的任何分析工具替换趋势线，例如斐波那契、布林带、凯特纳通道等，但偏见仍将存在。你的眼睛只会看到它们想看到的东西。它们最多也只可能看到那些亏损交易，但会轻易忽略它们，降低它们的重要性。

结果是可以预料的。研究者最终会得到像图4.2那样的图表，它设置了很多趋势线分析辅助线，所有这些技术工具都会指向很好的交易。

没有亏损的交易。每个交易最后都会带来客观利润。这就是我们潜意识的力量。

持怀疑态度的交易者（比如我）会注意到其他交易者忽略的事，不是因为其他人没有看到它们的能力，而是因为他们不想看到。见图4.3。

如果你从事研究工作，并且在事后画了足够多的趋势线，你很可能会得出这样的结论：趋势线是一个极好的工具，甚至可以说是圣杯。

趋势线并没有错，但它们不会让你致富。能让你致富的是你交易时的思考方式。如果你像其他人一样思考，那么你的结果就会和其他人一样。

你难道不想赚钱吗？难道不想脱颖而出吗？那么就请意识到，盈利的交易与你使用的工具无关。

最懂输的人才能成为赢家

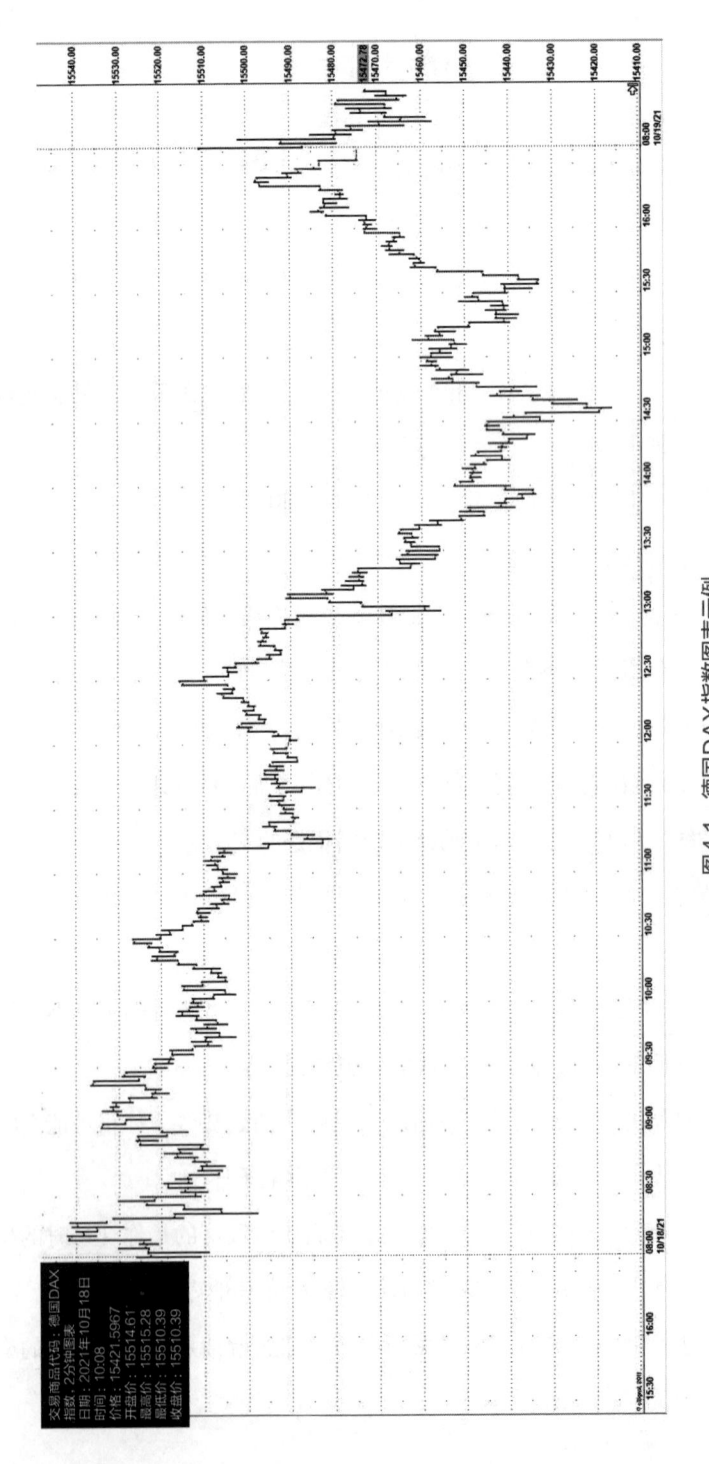

图4.1 德国DAX指数图表示例
（资料来源：电子信号eSignal期货交易软件）

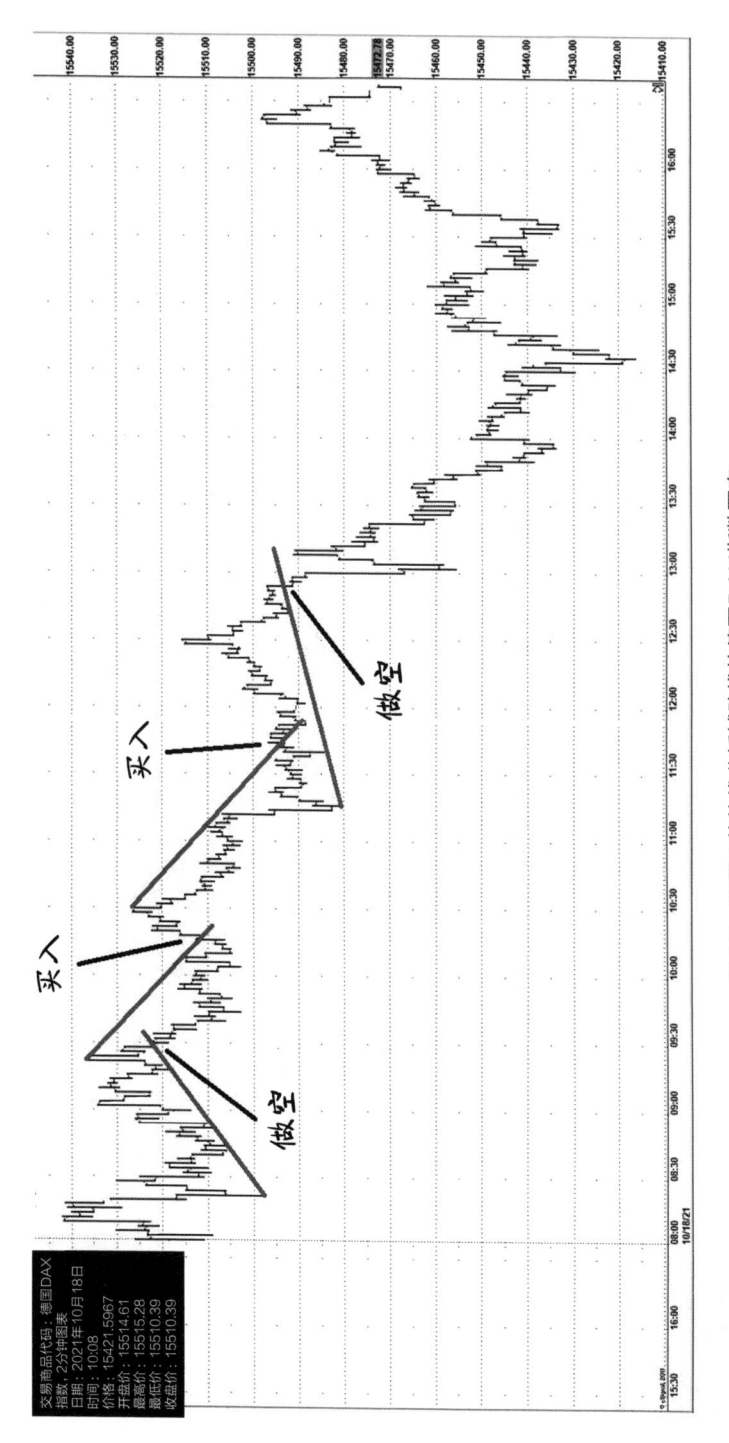

图4.2 设置了趋势线分析辅助线的德国DAX指数图表
（资料来源：电子信号eSignal期货交易软件）

最懂输的人才能成为赢家

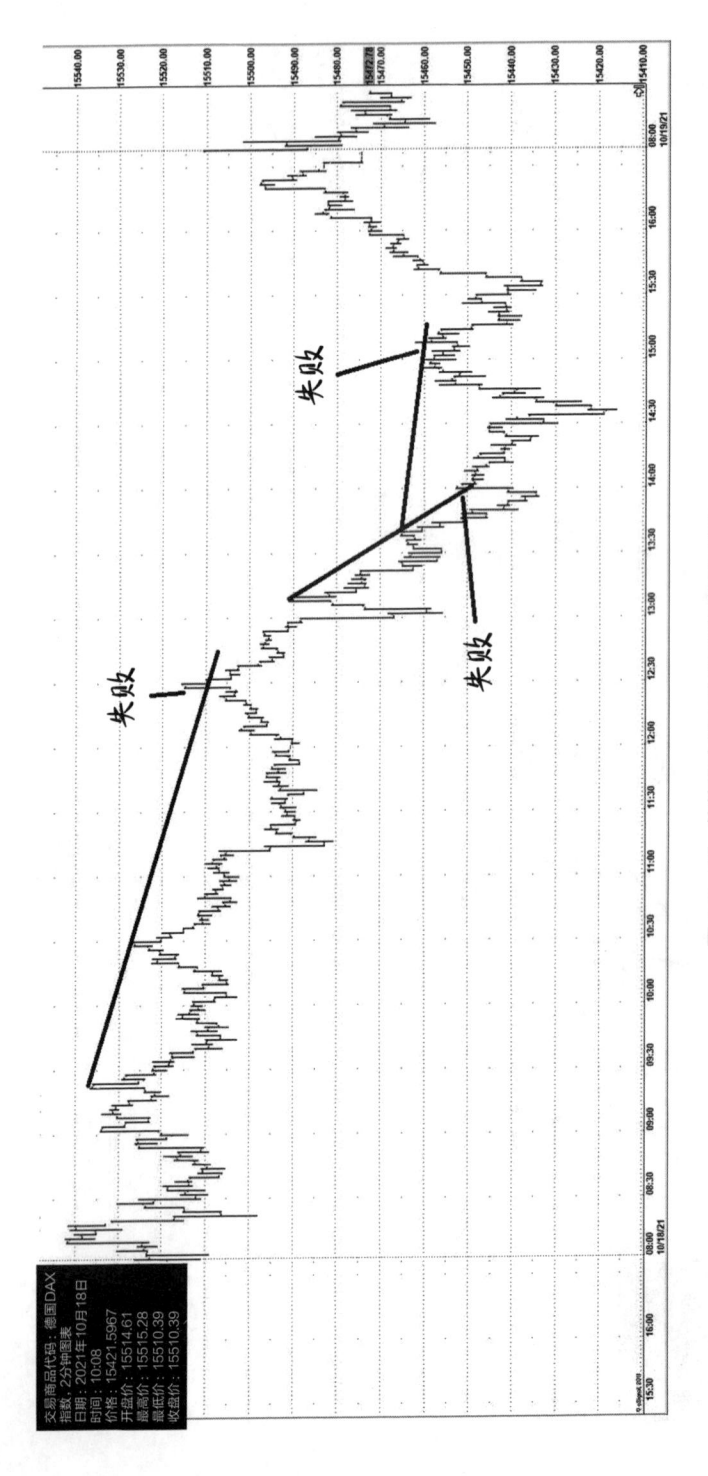

图4.3 同一趋势图中被其他交易者忽略的信息
（资料来源：电子信号eSignal期货交易软件）

第四章　形态的诅咒

为了向你证明研究工具没有什么意义，我想向你介绍世界上最受尊敬的交易者之中的两位，他们是拉里·派斯温托（Larry Pesavento）和拉里·威廉斯（Larry Williams）。

拉里·派斯温托和拉里·威廉斯

这两位拉里都已经年迈了。他们都是美国人，顺便说一句，他们还是朋友。他们都拥有几十年的交易生涯，都以交易为生。

拉里·派斯温托以其对形态和斐波那契比率的运用而闻名。拉里·威廉斯则以形态识别的交易设置而闻名。两位都写了几本关于他们所选的交易工具的书。

在我2005年组织的一个研讨会上，演讲者之一拉里·威廉斯展示了标普500指数的统计数据，这些数据在跨越十年的一小时图表上展示了所有的主要回撤点。

正如你所想象的那样，几乎所有可能的回撤百分比都有出现。但是，61.8%或38.2%这两个显著的斐波那契比率并没有很突出。当然，它们也在列，但被大量的其他百分比所包围。

是的，结果证明，斐波那契的神奇增长序列并不是市场的统治规律。那么，为什么拉里·派斯温托能用斐波那契比率获得成功呢？答案很简单：它不必一直奏效，就可以成为一种盈利策略。

2016年，我在挪威的奥斯陆发表了一场关于斐波那契比率的演讲。为了这场演讲，我研究了德国DAX指数回撤78.6%（0.618的平方根）的所有情况，并证明了尽管78.6%的回撤出现率只有20%，它仍然可以是一种有用的策略。你需要冒很小的风险，争取大的回报才能让这个策略发挥作用。

标普500和斐波那契

标普500指数在2021年的夏季经历了11%的上涨，从4050点上涨到4550点。在这一过程中，正如你在下一张图中看到的，出现了三次明显的回撤。斐波那契数列的作用是让我们能够以有利的回撤比率买入，比如38.2%的回撤、61.8%的回撤，甚至是78.6%的回撤。见图4.4。

我现在要展示给你看的是夸张炒作和选择偏见的力量。见图4.5。

斐波那契比率是交易领域中最著名的工具之一。但标普500指数的这三次主要回撤中，没有一次回撤比率是38.2%、61.8%或78.6%。

事实上，有两个比率似乎出现得更频繁：43%和74%的回撤。我把它归因于随机性。是的，这就是我们信念体系的力量。

我们想要相信，金融市场的扩张和收缩存在一种神奇的增长序列。我们想要相信，市场有一种普遍秩序，由一位更高的神明按照我们所知的斐波那契数列来指导它的运作。

这种信念只用偶尔奏效，就足以让信徒们继续相信下去。这就是图表的危险所在。当我们研究图表时，我们寻找的是某种让我们做多的信号，这样就不会错过任何一次上涨；或者我们寻找某种让我们做空的信号，这样就不会错过任何一次下跌。我们带着偏见进入市场。

这就是模式识别倾向的影响。要小心！

西班牙的离婚率

"无知"这个词的定义是缺乏知识或信息。一个人可以很聪明，但在某些领域很无知。例如，当谈到灵魂伴侣和地球是平的理论时，我就相当无知。你可以说我无知是因为我对此不感兴趣，或者我不相信它。

第四章　形态的诅咒

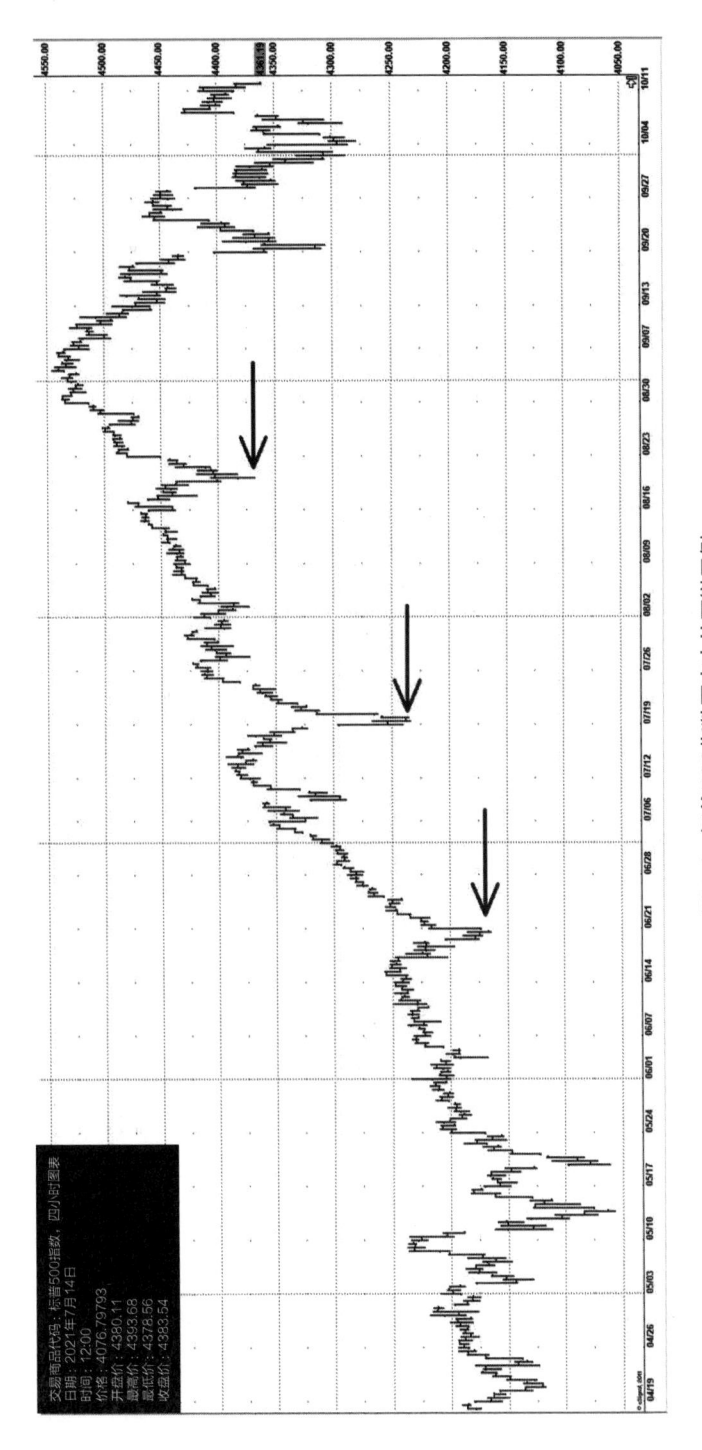

图4.4　标普500指数图表中的回撤示例
（资料来源：电子信号eSignal期货交易软件）

最懂输的人才能成为赢家

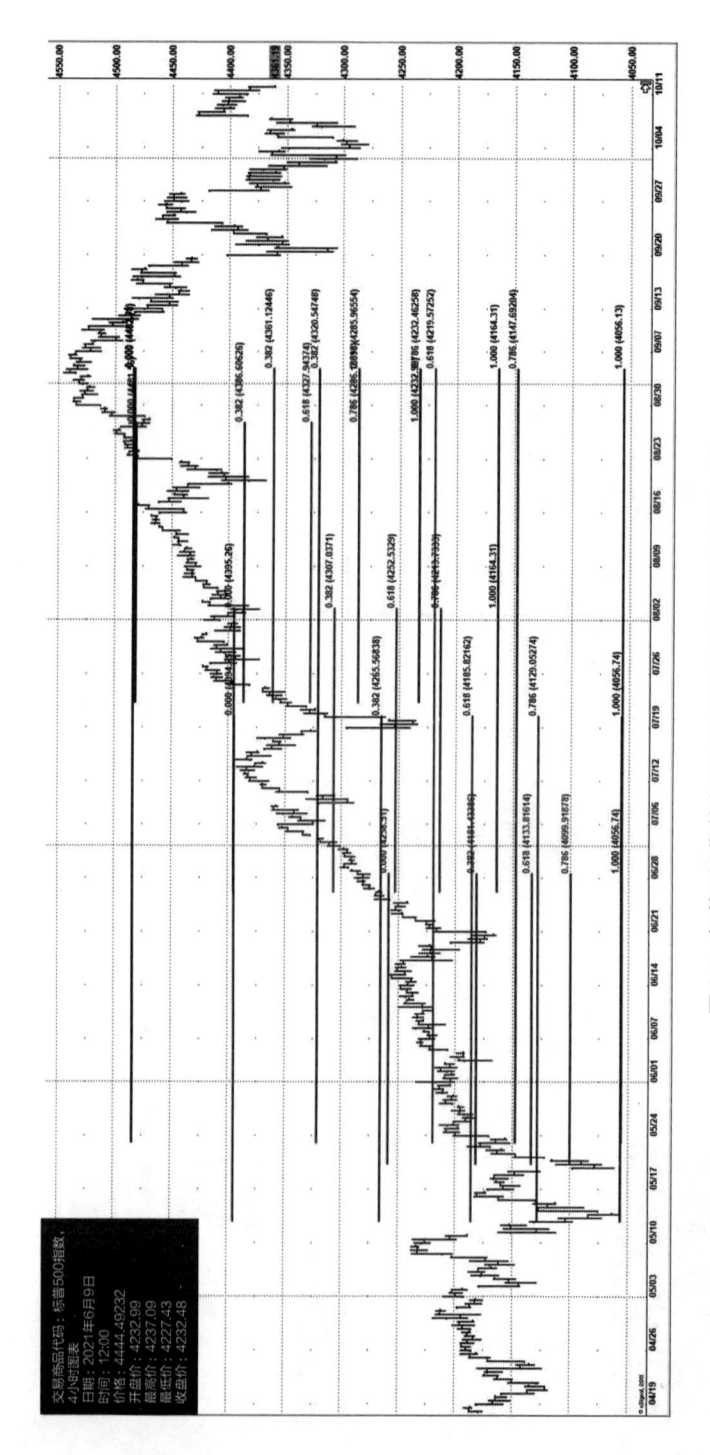

图4.5 标普500指数主要的回撤率与斐波那契比率并不一致
（资料来源：电子信号eSignal期货交易软件）

很有道理。特别是当谈到寻找灵魂伴侣这个问题时，这个"唯一的"人将和你度过永恒的时光，这个人会在任何方面都与你完美匹配——我不相信这种人真的存在。

你看，尽管我对爱情之道一无所知，但我可以阅读统计数据。根据这一点，我是否就能得出结论说，在某些国家更容易找到彼此的灵魂伴侣？我不这么认为！

这要是真的，那在西班牙或卢森堡，肯定没有多少对灵魂伴侣。你知道西班牙的离婚率是65%，卢森堡的离婚率是87%吗？而在英国，离婚率仅为42%。这是否意味着如果你住在英伦三岛，你找到灵魂伴侣的概率比生活在西班牙大？

很多人相信，在他们出生时，太阳在天上的位置与随机定义的星座位置会以某种方式影响他们的性格。还有些人相信，市场是一个待解决的方程式、一段待破解的代码。这些人都有妄想症，或者更客气地说，他们很无知。

蜡烛图大师的欺骗

为避免遭到诉讼，我已将下面故事中的主角姓名隐去。当蜡烛图在20世纪90年代成为热门话题时，一个曾经在推广蜡烛图使用方面起到关键作用的人，和另外一个知名的交易员以及我一起坐在世界某个地方的餐厅里。

当时，这位主角已经出版了有关蜡烛图使用的书。当我们坐在餐厅里时，我问他是否认为有些形态必须用不同的名字来区分，尽管它们实际上是相同的。

例如，我认为，"孕线"形态（Harami Pattern）和"十字孕线"形态（Harami Cross Pattern）在实质上是相同的，除了十字孕线形态没有实体，而孕线形态有一个实体。然而，它们都是内包线形态。对我来说，这就是故意增加形态的数量，且纯粹是出于商业原因，而不是出于交易原因。许多形态几乎相同，但有不同的名称。

我问他是否有最喜欢用的形态，或者一组他惯常使用的形态，如果有的话，他在什么时间框架内交易它们。他回答说他不使用这些形态。不仅如此，他还承认说他根本不交易。

我不知道你对此有何感受，但这让我不太舒服。我立即断绝了与这位先生的一切联系。我觉得他唯一的任务就是发明尽可能多的形态，用来填满书本和课程，并在他的交易软件上创建提醒。

我是在主张蜡烛图毫无用处吗？不是的。我只是不觉得所有的形态都具有统计学意义。

不止我这么认为。有几篇学术研究文章也提出了同样的观点。以下是《日本蜡烛图预测能力的统计分析》（"A Statistical Analysis of the Predictive Power of Japanese Candlesticks"）这篇文章所得出的结论，文章作者是穆罕默德·贾马鲁德（Mohamed Jamaloodeen）、阿德里安·海因茨（Adrian Heinz）和丽莎·波拉恰（Lissa Pollacia），该文章于2018年6月发表在《国际与跨学科商业研究杂志》（*Journal of International & Interdisciplinary Business Research*）上：

日本蜡烛图是一种利用开盘价、最高价、最低价和收盘价来绘制特定基础资产（如股票、指数或商品）的过去价格行为的技术。这些蜡烛图所创造出的形态被认为可以预测未来的价格走势。尽管蜡烛图的流行程度在过去十年中迅速增加，但仍然没有多少统计证据表明它们在大样本中的有效性。在本研究中，我们使用标普500指数60多年的历史数据，分析了流星线（Shooting Star）和锤头线（Hammer）形态的预测能力。在研究中，我们发现，从历史数据来看，当使用收盘价时，这些形态提供的预测可靠性很低。

在另一篇由皮亚帕斯·蒂拉瓦尼（Piyapas Tharavanij）、瓦桑·西拉帕拉帕西里（Vasan Siraprapasiri）和吉迪猜·拉查玛（Kittichai Rajchamaha）发表的文章中，研究人员得出了以下结论：

本文研究了蜡烛图的盈利能力。持有期分别为1天、3天、5天和10天。本研究通过应用偏度调整t检验和二项式检验，在有技术过滤[随机指标（%D）、相对强弱指标（RSI）、资金流量指标（MFI）]以及没有技术过滤的条件下，测试了看涨和看跌蜡烛图反转形态的预测能力。

统计分析发现，由于大多数形态的平均收益在统计上与零没有显著差异，因此看涨和看跌的蜡烛图反转形态的使用价值较小。

即使一些蜡烛图反转形态在统计上收益显著，它们的标准差风险也很高。二项式检验的结果也表明，蜡烛图形态不能可靠地预测市场方向。此外，本文还发现，使用%D、RSI或MFI进行过滤通常不会增加蜡烛图形态的盈利能力或预测准确性。

交易者们要小心

券商和教育者们把事情本末倒置了。他们让我们觉得学习尽可能多的图表形态会增加我们交易成功的概率。但事实并非如此。我们知道的形态越多，就越倾向于说服自己放弃好的交易仓位。

技术分析、形态、蜡烛图形成、指标、比率和波段并没有什么问题。是的，它们中的很多我都不相信，因为它们是主观的，在真正的检视下经不起推敲。但是，交易本就非常主观，我们不需要非常正确就能靠交易过上好生活。

一只老狐狸的故事

我的朋友特雷弗·尼尔（Trevor Neil）曾经营一家对冲基金，他们的交易准确率是25%。我想在这里给你讲述他的故事,让你深入了解一些最优秀的专业交易者是如何工作和思考的,希望它对你有所启发。这故事也应该提醒我们,从市场里赚钱的方法有很多种。你的工作不是追随别人,而是找到一种你喜欢、与你的价值观和兴趣相符的方式。

故事始于我问特雷弗的一个问题。我知道他与汤姆·德马克(Tom DeMark)及他的序列指标(Sequential Indicator)相关。德马克是一位在技术分析界颇具传奇色彩的人物。

我曾在很多年前的彭博社(Bloomberg)午宴上见过德马克。他看起来是个不错的人,尽管我没有什么可问他的,因为我不熟悉他的工作。要知道,那时他的工作只对那些有彭博终端的人开放。

当时,彭博终端每年的价格约为2.5万美元。而今天,德马克的工作成果在许多交易平台上都可以使用,如果你感兴趣的话。

我问特雷弗关于序列指标的事情,他的眼睛亮了起来。他给我讲了一个故事,讲的是他和他的朋友决定在非常短的时间框架内交易序列指标来获得优势。他们搬到了南非,并开始用**一分钟图表**交易南非股票。我从未听说一个管理着大量资金的专业机构在如此短的时间框架内进行交易。

然而,这还不是这个故事给我印象最深的地方。最令我印象深刻的是,他们是如何在其他交易者认为极低的准确率下赚钱的。

大多数人认为必须采用准确率高于50%的交易策略。特雷弗告诉我,他们的结果各不相同。有时候他们很成功,有时候不行。当他们手气好时,准确率会达到40%。手气不好时,准确率会下降到25%左右。但总的来说,他们手中掌握了一个工具,每100次交易就会产生25—30次盈利交易。他们非常成功。

他们交易了几年的基金,然后将资本退还给投资者。他们赚了钱,由于两人都不再年轻,于是他们决定就此罢手,是时候回家与家人共度美好时光了。如果他们再年轻一些,可能会继续交易。

我不知道你怎么想，但我喜欢这个故事。它重申了我对交易的看法。你交易时的思维方式比你策略的准确率是50%多、70%多还是90%多更重要。

虽然这个故事并不能证明，任何人只要有正确的资金管理和必要的耐心就能以交易为生，但它是两个交易员的绝妙逸事，说明即使他们的策略从传统角度看来，在理论上不应该盈利，但他们还是能从市场里赚到钱。

那么，他们的秘诀是什么？

答案很简单。虽然他们输掉了100笔交易中的75笔，但那25笔盈利交易产生的利润超过了其他75笔交易产生的亏损。特雷弗告诉我，他们预计的利润是风险的25倍。他还告诉我，当他们执行一笔交易时，他们期望策略立即奏效。在这一点上我稍微追问了他一下。

"你说你期望它立即奏效是什么意思？"我说。他说就是字面意思：当他们执行交易时，他们期望策略立刻奏效。如果他们买入的价格是50，他们不希望价格跌到48。如果跌到48，他们会止损。

这意味着他们有很多小亏损。他们的回溯测试表明，如果交易策略正确，它将立即奏效。如果它不能立即奏效，该策略则要求马上平仓。

相信并行动

当你可以对后果和影响毫无畏惧地行动和表现时，你就处在理想的交易状态。考虑到有那么多人在交易里亏钱，你必然会得出这样的结论：达到这种状态并不容易。如果认为这样的心态来得容易，甚至来得自然而然，那就太愚蠢了。它来之不易。

我曾经和一个德国人一起交易了几个月。他有一种近乎超人的、不采取任何行动的能力。他的耐心无人能比。我们一起交易的时候，我把追赶他的耐心当成一种竞技运动。

这很有趣，也可以说是有些痛苦的。我错过了许多好机会，但我所抓住的机会胜过了其他所有机会。

你必须对自己有耐心。你必须让你的知识在内心深处沉淀和成熟。如果你现在交易的规模很小，你想在未来交易更大的规模，那么这个过程很可能是曲折的。

我可以向你保证，这将是一段进步和挫折共存的旅程，也将是一段进步和维持现状的旅程。你必须成长为你梦想成为的交易者。你必须对交易的入场点有耐心，你必须对自己有耐心。如果你能够在交易中展现出这两个品质，那么剩下的问题也会随着时间迎刃而解。你的内心将没有惊慌或恐惧，你的交易规模将以一定的速度增长。

我会在书的结尾处更详细地讨论这一点。不然我就像是那个好心的朋友，对我酗酒的朋友说："行了，戒酒吧。"当然，要是有那么简单就好了。同样地，我对你说"要有更多耐心"，就像在素食主义者大会上的烤猪肉那么"有用"。

我非常钦佩一位宏观交易员格雷格·科菲（Greg Coffey），他是一位杰出的伦敦对冲基金交易员。在一篇报纸文章中，一位客户描述他为"谦虚和傲慢的平衡体——完美的交易员"。这篇文章接着描述道，科菲对他的交易有绝对的信念，甚至到了傲慢的程度，但当交易不成功时，他同样能迅速地变得谦逊。

记住这句话：

害死你的不是你已知的东西。害死你的是那些你以为你知道，但却并非事实的东西。

游戏的本质

游戏从未改变，也永远不会改变。算法不会改变游戏，法律也不会改变游戏。因为这是一场内心的游戏，你需要花时间——也许不像在图表上花的时间那么多，但也需要花大量时间——去思考你把哪些人类特质带入了交易游戏。

朝正确的方向前进需要了解你自己和市场。游戏从未改变。当然，玩家会改变。我们都会变老、死亡，被新鲜血液所取代。可悲的是，人不会改变，除非他们做出了非同寻常的努力。

我们拥有一种不喜欢变化的爬行动物的心智。"嘿，如果它没坏，为什么要修理它呢？"嗯，因为它确实坏了。如果我没有像我想的那样能赚钱，那么我就需要改变。如果这意味着我必须学会以新的方式生活，用不同的视角来看待恐惧和希望，那就改变吧。

图表的作用

你不能只用一种颜色创作一幅名画，也不能只用一种原料制作米其林星级美食。而作为一个交易者，如果你只关注图表，你肯定也无法创造一个可行的生意。

图表的作用是给你提供一种视觉展示，让你了解其他市场参与者的想法。它让我比基本面交易者更明确地知道入场和退出的标准。

然而，交易者很容易被图表的随机性所诱惑。不过随着时间的推移，决定你交易账户上零的位数的不是你的图表阅读技巧。

控制你的思维并不容易。还不等你的头脑去认真思考你的回应，你就已经下定结论了。

本书唯一的目的就是为你提供正确的工具，构建你的思维，让你成为一名盈利的交易者。

如果不加控制，我们的思维是脆弱的。每当我谈到心理在交易中的作用时，我总是给人们看联邦快递（Fedex Express）的标志，然后问他们："箭头在哪里？"

如果你还不知道，看看联邦快递的标志——在字母"E"和"X"之间隐藏着一个箭头。

眼睛和大脑之间的协调是很有趣的。眼睛可以看到一个事物，而我们的大脑告诉我们，我们看到的是另一个事物。

只有通过观察和训练，我们才能意识到自己倾向于相信我们**认为**自己看到的东西。

请看下面的图像。这个棋盘上的哪个方块更暗，A还是B？

图4.6　经典视错觉图

两个方块都是完全相同的灰度，这个结果可能会让你很惊讶，因为你的大脑很可能告诉你方块A比方块B更暗。麻省理工学院教授爱德华·H. 阿德尔森（Edward H. Adelson）于1995年发表的这张视错觉图完美地展示了大脑是如何误解眼睛传递给它的信息的。

另一个你之前可能遇到过的例子在这本书中很难展示，但我会解释一下我在演讲中是如何让它发挥作用的，它也是促使我写这本书的动力。这是一个思维灵活性的练习。

我向观众展示了一张简单的图片：一个红色的方块。我要求他们喊出图片的颜色。他们异口同声地喊道："红色！"

很简单，对吧？然后我去掉红色方块，露出一个黄色方块。结果相同："黄色！"

我换上一个绿色的方块。他们大喊："绿色！"

红色。黄色。绿色。到目前为止，一切都很顺利。

观众甚至不需要思考，这就是自动反应系统的主导作用。

然后我们进入了更复杂的部分。我向观众展示了一个用蓝色墨水写就的单词"红色"的图像，并问这个图像的颜色是什么。

很多人大喊"红色"。

我给他们看用红色墨水写的"黄色"单词的图片。有的人喊出"红色"，但我听到了更多的"黄色"。

我们用一系列以不同颜色的墨水写就的不同颜色名称重复了这个过程。随着时间的推移，观众的回答变得更加准确一致。通过这个有趣的练习，我证明了我们的眼睛和大脑不一定是协调的。我们的大脑看到"红色"这个单词，就想让我们说"红色"——即使问题的答案是"蓝色"。这就好像我们要有意识地去阻止大脑贸然下结论。

这是交易的一个重要特征，因为我们经常看到实际上不存在的东西。

图表在实时交易中的效果并不像事后那样好。不幸的是，你不得不相信并采取行动。

如果你为几次失败的交易苦苦挣扎，那么这是你的大脑在努力保护你免受痛苦。你将开始怀疑你对信号的判断，并会因此破坏自己能得到的最大利益。我曾经历过这种情况，我也犯过这些错误，而我已有解决方法。

好交易是违背人性的

每当我在现场或视频网站上发表有关交易的演讲时，我常常会谈到价值和价格的概念。某物到底值多少钱？我认为我的旧车值1万英镑。汽车经销商认为它值0.8万英镑。如果我急于出售，你认为谁会赢得这场争论呢？

一件东西值多少钱是一种情绪化的、带有偏见的论断。相反，价格是买家和卖家达成的共识。说某物值得更多并没有多大意义。

你可以预计未来某物会升值或贬值，这基本上就是我的工作机制。抛开心理因素不谈，我买入时希望我购买之物的价格上涨。

前苏格拉底时期的希腊哲学家赫拉克利特（Heraclitus）说过："人不能两次踏进同一条河流，因为河流不同了，人也不同了。"作为投机者，记住这一点很重要，因为市场一直在变化。

人类对变化持有矛盾的态度。我们想要变化，不然我们的生活就会变得乏味而无聊；但如果变化是强加给我们的，而不是由我们的动机和热情驱动的，那么我们往往会反感它。

我第一次意识到思维方式在交易中的重要性，是阅读一本关于匿名交易员"华尔街幽灵"（Phantom of the Pit）交易生涯的书。在这本书中，这位神秘的交易员认为，行为修正是交易中最重要的概念。对交易者来说，能够改变自己的想法而不引起心理不平衡是最重要的能力。

经营实时的交易频道意味着我经常会被问一些问题，其中大多数来自经验不足的交易者。我经常被问到的一个问题是："你为什么要逆势交易？"

当我被问到这样的问题时，我会笑，因为这是一个既天真又无辜的问题。说它天真，第一个原因是，任何交易者都可能被指责为逆势交易。这完全取决于你所用的时间框架。如果你是五分钟图表交易者，那么周线图表的下跌对你来说无所谓，你关心的是五分钟图表的趋势。

说它天真的第二个原因是，技术分析的整个结构都充满了矛盾。

想想吧。你被要求跟随趋势；但当你在双顶出现时卖出会发生什么呢？你是在逆趋势操作。同样的道理也适用于双底形态，你买入的是一个正在下跌的市场。

30年间的数据

我是一名日内交易员，我的专长是股票指数交易，比如道琼斯指数。我研究了过去30年道琼斯指数收盘价的统计数据，也就是大约7500个交易日的数据。我想知道相比于前一天的收盘价，道琼斯指数当天的收盘价有多少次比前一天高，多少次比前一天低。

我的想法是，因为过去30年里道琼斯指数从3300点上涨到近36000点，所以可以预期有更多的正收盘价，而不是负收盘价。但我错了。

在过去30年中，只有50.4%的收盘价高于前一天的收盘价。这意味着在道琼斯指数中，正负日的分布是均匀的。

这一统计数据的影响是，像我这样的日内交易员不能太依赖较长时间框架的趋势，因为在五分钟图表上几乎任何事情都可能发生。

交易者面临的挑战可以用赫拉克利特式的解释来简单概括。当我们购买一瓶牛奶时，我们知道牛奶是一种统一的产品。你在地球的哪个角落买一瓶牛奶并不重要，牛奶就是牛奶。因此，如果一家超市的牛奶价格是另一家超市的两倍，那么你可以得出结论，一家超市的牛奶很贵，而另一家超市的牛奶很便宜。

然而股票、货币或股票指数就像一条河流，它在不断变化。这种变化是交易者和投资者们相互作用的结果。他们的行动基于他们对未来的看法。你可能同意他们的看法，也可能不同意。

有许多兼职交易者在他们的其他职业中非常成功，但在交易方面却很吃力。想在交易里成功，就要做一些和在交易之外取得成功完全不同的事。

例如，如果你去超市买晚餐，看到鸡肉有特价优惠，你很可能想利用这个优惠。如果鸡肉半价，那么你可能会认为这是一个很实惠的价格，想要多买些鸡肉存储到冰箱里。

我们天生就喜欢物美价廉。我们喜欢寻找好的优惠，并从中获益。得知自己买到便宜的东西会让我们感到快乐。

我昨天才去购物，摆放在过道的商品正在打折，里面每件商品都是半价或折扣更低。我买了肥皂和洗衣液，够我用一年的。当我填满购物车时，我不禁暗自发笑，我知道我会专门写个章节来描述这种行为。反正在一年之内我也要买这些东西，现在买直接省了70%，这感觉真好。

如果我们逆着趋势购物，我们能省下不少钱。如果可能的话，我通常会在外面热浪滚滚的时候购买冬季夹克。因为这时商店想把这些商品清理出去，好为夏装腾出空间。同样，我喜欢在外面积雪6英尺厚的时候购买夏装。我知道这不是惯常的做法，也许这就是我喜欢这样做的原因。我喜欢打折优惠，我认为在喜欢买便宜货方面，不是只有我一人。

我前面说过，交易世界与交易之外的世界是截然不同的。我在交易之外表现出来的特质在交易世界中对我并不利。这不仅是我的问题，也是大多数人的问题。

我们的大脑总是混淆交易世界与一般的消费世界。让我们来看看这二者的不同之处。

超市的便宜货

当我在超市里看到比之前便宜的东西，或能打折的物品，我会想要去买。这种行为是受潜意识对快乐的追求所驱使。我的行为是一种理性消费行为，即寻找最便宜的产品。超市知道这一点，他们会据此来制定优惠策略，让我的消费金额最大化。

我的行为是为了在预算限制内，让我得到最多的快乐。当我这么做时，我会产生一种幸福感。

金融市场的便宜货

当我看到富时指数（FTSE）在白天下跌时，我的大脑会将价格下跌与"价值"和"变便宜"联系了起来。

如果我冲动行事，接下来会发生两件事之一：

1. 我对价值的感觉得到证实。市场开始上涨。
2. 我对价值的感觉没得到证实。市场继续下跌。

我的论点可能具有煽动性，但无论接下来发生什么，我最终都会以亏钱告终，即使我在这次交易中盈利。

如果我没有任何充分理由，只是因为我的大脑给我发出了"市场很便宜"的冲动信号就买入，我会在市场继续下跌时亏钱。而市场为什么不会继续下跌呢？这就是技术分析的前提。趋势是持续的。市场受到惯性的影响，这意味着无论市场现在的趋势如何，它保持这一趋势的可能性超过50%。

如果我买入，而市场开始上涨，我最终还是会输，因为我现在教育了自己的大脑，让它认为把脑袋伸出去接飞刀是没问题的。我已经在自己的思维中形成了一种模式，把购买下跌的资产与快乐联系在了一起，就因为在某个时刻我曾取得过成功。

顺便提一下：当我开始非常认真地对待交易以后，我会在一天结束后回顾我的交易。我会打印出图表，并将我的交易标注在上面。我意识到十次交易中有大约八次都是冲动交易，于是开始变得更加有意识地进行交易。随着我在这个领域的不断深入，我所赚的利润越来越多。我的冲动交易越少，我赚的钱就越多，我从工作中获得的满足感也越多。

自我分析

在交易日结束后，我把自己的交易仔仔细细记录在图表上，通过这种对我交易行为的分析，我意识到我是一名频繁进行交易的交易者。我会重复地做空上涨的市场、买入下跌的市场。

这么做，能帮助我每天都提醒自己，当我买入时，有别人在做空或者退出多头仓位。我在交易里成功，从一个亏损的交易者变为一个盈利的交易者的一个重要原因，就是认识到金融市场里没有便宜货。

超市替代品

当我在超市购物时，如果我发现某个产品涨价了，或者之前的特价产品恢复了原价，我的大脑会把这种情况和痛苦联系起来，促使我去寻找别的替代品。这是非常合理的人类行为。

我和我姐姐常常拿这个现象说笑。她住在德国，经常从柏林搭乘易捷（Easy-Jet）航空的航班。她说得非常好："如果能省25欧元，我会半夜起床搭早上5点的飞机。"我想我们很多人都熟悉这种现象。

金融市场替代品

如果金融市场上的某种东西涨价了，那么这意味着市场对它有需求。它可能看起来很贵，但实际上只是买方和卖方之间平衡点的反映。

这一点曾困扰了我好几年。我觉得市场太贵了，而我当时使用的技术指标固化了我的这种错误观点。像随机指标这类指标会表示市场已经超买或超卖，这不过是便宜和昂贵的另一种说法。正是因为这个原因，我交易时不再使用任何技术指标。我的图表是100%未经修饰的。

金融市场的反常之处在于，因为某物的价格今天比昨天更贵，所以买入它，这通常是说得通的。

应对逆境

当我经历生活中的困难时，我会耐心地努力解决问题。通过我的付出和决心，我希望能够解决它，甚至可能会使用武力或权威来解决它。

然而，再多的努力、决心或祈祷都不会把一个糟糕的交易仓位变成一个好仓位。市场要么同意你的观点，要么不同意。如果市场不同意，那就是不同意，你再富有、再显赫、再强大也没用。

只有你允许市场伤害你时，它才会对你造成伤害。市场会上涨，也会下跌。你是否进场、是否赚钱，对市场来说都无关紧要，市场对你一无所知。你赚钱，是因为你与市场保持了一致。市场本身只是所有交易参与者的综合体，这些参与者和你一样，都希望通过交易赚钱。

不幸的是，不可能所有人都赚钱。经过多年的痛苦，我意识到，我必须改变我的关系——不是我与市场的关系，而是我与我对市场行为的反应之间的关系。

这个过程的一大部分是重置我在交易世界中的价值观和信念。在正常的世界里，当我的意愿不能被满足时，我会努力说服对方认同我的观点。我很有说服力，且通常都能得到我想要的东西。

虽然这可能是一个在现实世界中对我有利的优势，但它对我的交易表现是有害的。市场不关心你的持仓，它不在乎你是看多、看空，还是观望。市场对你或你的持仓没有任何感情。

我观点的核心是，我们作为完全正常的人所展现出的许多特质在交易世界中是不适用的。我认为我认识的所有成功交易者都经历了一个转变的过程。有些人的转变是渐进式的。另一些人则是经历了某个特定的情况，那是他们成功的催化剂。还有一些人对自己感到如此厌恶，以至于他们决定要么顺从规则，要么完全退出交易。

客观观察的纯真

我的好朋友大卫·保罗（David Paul）博士在以下故事中描述了他自己的转变。

> 我拥有机械工程的博士学位，曾为德比尔斯（De Beers）工作。我发明了一种采矿钻头，赚了一大笔钱。我曾拥有自己的采矿公司，因此可以说，我是带着充分的信心进入市场的，手上也有大量的资金可支配。
>
> 我从20世纪80年代开始投资。那时在股市赚钱很容易，只需要买进股票然后等待。在等待期间，我开始在早期计算机上进行编程。我最终创建了自己的选股软件。那在当时是非常复杂的软件。
>
> 在一个特别的日子里，软件预测了市场会大幅上涨。因此，在交易开盘时，我打电话给我的券商，下了一笔非常大的买入订单。
>
> 果然，市场如我的软件所预料的那样，开始涨得更高。我自然很高兴，因为分析是正确的，而我也在赚钱。我继续持有股票，因为软件预测上涨将继续，而且会更猛烈。
>
> 然而，不久之后，市场就开始下跌。我虽然有点惊讶，不过我知道这一定只是暂时的异常，也是在市场真正起飞之前买入更多的好机会。于是，我买进了更多股票。但市场仍然持续下跌，而且越跌越厉害。
>
> 我开始有点担心，于是我打电话给我的券商和所有做交易的朋友，看看是否有任何原因能解释这种偏差。他们也无法解释市场下跌的原因。他们的分析表明市场将会大涨。所有的通讯简报都表示我们在艾略特波浪分

析（Elliott Wave Analysis）中处于第三次主要波浪之中，一切都指向价格的上涨。

我和朋友及券商谈过这个情况后，感觉稍微好了些，我相信这只是个偏差，于是我决定在这个便宜的价格上再买入一些。市场反弹了一阵，我感觉很不错，因为我觉得我是在当天的低点买入了更多的股票。

然后市场又开始下跌，我开始真正担心起来，甚至有些害怕了。我的仓位已经积累得很大了。

就在这时，我妻子走进我的办公室问我晚上想要吃什么。她一定察觉到我的分心或不舒服，走到我的桌子前看着交易屏幕。"有什么问题吗，亲爱的？"她问道。她总是这么体贴。

"没事，亲爱的，我只是在工作。我的软件说市场应该上涨。"我指着屏幕说，"这个软件从未出错过，我和经纪人，也和我的朋友谈过，他们都说市场应该上涨，但是它正在下跌。"

她看着屏幕上的行情说："你交易的是这个市场吗？"

"是的，"我说，"我真的不明白为什么它一直下跌。我相信它很快就会上涨。"

"但现在它还没有上涨，对吧？"她说。

我对她有点不耐烦了，我说："不，亲爱的，但你不明白的是，软件和艾略特波浪计数是一致的，市场一定会上涨。"

"哦，你说得对，我不懂这个软件或艾略特理论，但它**现在**似乎并没有上涨，不是吗？"

我清楚地记得我深吸了一口气。我对那个我爱着但现在有点激怒我了的女人说："亲爱的，只要这一段时间过去，市场就会开始上涨。它绝对会上涨。我认为这只是一个AB=CD形态。软件这么说，经纪人这么说，我的交易朋友们这么说，艾略特波浪理论也这么说。这么多人和我的软件不可能都错了。"

"好的,对不起,你说得对。我不懂你的软件或艾略特理论,也不知道经纪人在说什么。我只看到**现在**这个市场正在下跌,不是吗?"

我停下来看着屏幕,抬起头看着我的妻子说:"你能再重复一下你刚才说的话吗?"

她迷惑地看着我,说:"嗯,我只是在说,**现在**,此时此刻,这个市场正在下跌,不是吗?"

她的话像一道闪电击中了我。我不是在交易市场,而是在交易我的看法。我开始笑了,因为我第一次觉得我知道了想在市场上赚钱需要做些什么。我意识到,我一直试图避免的事情,现在正在要我的命。我一直不惜一切代价努力避免亏损的交易,但现在,却正处在亏损的交易中——只是因为我拒绝倾听市场想要告诉我的事情。

那一刻我意识到,我必须学会输才能赢。就是这么简单。我不是在交易市场,而是在通过市场强化我的自我。

我拿起电话打给我的券商,卖掉了我所有的多头头寸。此外,我还卖空了大量的合约。果不其然,市场继续下跌。

那天起,我的交易生涯发生了改变。我不再过分关注专家理论,也不再瞎猜市场走势。我开始交易市场。这让我茅塞顿开。我开始赚很多钱。我意识到,我曾经读过的一些东西是完全错误的,对我的交易也是有害的。例如,我们都听说过"低买高卖"的格言。我把它改成了"低价做空,更低价平掉空头头寸"和"高价买入,更高价卖出"。

臣 服

当我请大卫总结他的经验时,他对我说:

"看看你自己的生活。你喜欢冲浪,你等待浪潮,划进它们的潮流中,然后顺势乘浪。这跟我们作为交易者所做的有什么不同呢?你坐在冲击区外等待划进去的时机,你不会在没有浪的时候划,你会耐心等待。当浪潮形成合适的大小时,你会准备好。你与大海合为一体,你随着它的流动而动。你臣服于它。"

要在市场上成功,我们必须臣服。地球上每个人都把大量的时间、金钱和价值与我们已知的东西绑定在一起,考虑放弃这些我们已知的是不可想象的。

我们交易的目的不是证明自己是对的以及提升自己的自尊,我们交易是为了赚钱。如果这意味着我们对市场有一个想法,之后这想法被证明是对的,那就这样去做。如果这意味着我们必须改变自己的观点,因为市场要求我们这样做,那就这样去做。比我更有灵性的人也许会说:"放空你的头脑,让市场引导你。"

交易比看起来的要简单得多

事实上,我们复杂的人类大脑往往很难处理简单的信息。除非信息十分复杂,否则我们的大脑往往会忽略它。我们认为简单的东西不可能有利润。

你的目标是什么?简单的回答应该是赚钱。过去我总是太关注那些**应该发生**的事。但是要赚钱,我们必须专注于此刻、此地正在发生的事情。

在我开始写这本书时,我想让它保持实用性。我没兴趣充当交易心理医生或心理学家,因为我本就不是。我想用这本书展示交易的真正本质,它由一个有实战经验、有伤疤也有勋章的人写就。

如果这几页的内容对你来说有点太理论化了,那么我想给你讲一个真实的案例,它在2019年7月被"全天候交易者"(Round the Clock Trader)[①]用视频记录了下来(我这么说是想告诉你它是个真实案例)。我想用它说明以开放心态和空杯心

---

① 全天候交易者是一个交易教育品牌,提供在线培训、实时交易室、研讨会等资源。

态进入市场的含义。我在一个双底后买入了一个指数，一切看起来都很不错。我从12808点开始做多，然后在12818点再次买入。接着就发生了这样的事——指数暴跌。我的五分钟图表上出现了三个主要低点（当我的方向与K线相反时，我把它们称为"平仓K线"；当我的交易方向与K线的方向一致时，我把它们称为"加仓线"）。我做多是个错误。

在指数开始下跌的早期阶段，我退出了多头仓位并反向做空。当时大约有500个交易者参加了这次活动，最让我满意的不是我在第一笔交易上就亏损，也不是我很快就赢回了钱。最让我满意的是，我没有固执地坚持亏损的交易，而且我有心理上的自由，让我能从做多市场转向做空市场。

当我才开始交易时，我绝不可能做到我刚刚做到的事。我会一直持有那个亏损的仓位。"我知道我是对的。"我会说。然而我不是对的，而且我也没赚到钱。

当我的新做空仓位获得的利润和我原来做多仓位造成的亏损相等时，最关键的时刻就来了。我的大脑拼命地想要让情绪回到平衡。还有比抵消亏损更能让情绪平衡的方法吗？嗯，用我心中最伟大的交易英雄查理·狄弗兰西斯卡（Charlie DiFrancesca）的话来说就是，"好的交易意味着，我们要战胜那些让我们作为人的情绪"。让我们看看如何做到这一点。

第五章
与我的人性战斗

什么是散户交易者的普遍行为？我们知道80%—90%的散户都有相同的自毁行为模式。

我们知道，大约90%的交易者在交易差价合约、点差交易或期货市场上不能持续地盈利。我们也许可以认为，这80%—90%的交易者是聪明、有抱负、自我激励的人，他们喜欢在生活中创造自己的机遇、开创自己的人生道路。

我从没遇到过因为觉得交易就像买彩票一样简单随机而开始交易的人。几乎所有我遇到的对交易感兴趣且想要了解更多关于交易的人都是自我驱动者、企业家或在进修机构学习的学生。

因此，说交易吸引了错误的人是不对的。它吸引了正确的人，吸引了那些有机会成功的人。

我认为它吸引的是那些不会被"快速致富计划"愚弄的人。我觉得许多交易者都不会去买彩票，因为中奖概率实在太低了，而交易者们对此深有了解。

尽管如此，这里面还有些地方不对劲。

当90%的人都失败时，就说明这其中有问题。在表5.1中，我列出了我认为对交易者有害的几种行为模式。最常见的行为就是无法承受损失。

不接受损失的原因是什么？我认为我们告诉自己的是一个原因，但还有另外一个潜在的真正原因。真正的原因总是相同的。

表5.1 对交易者有害的几种行为模式

行为	表意识原因	潜意识原因
1. 我放任亏损增长	我抱有希望	避免痛苦
2. 我放任亏损增长	斐波那契等指标是这么说的	避免痛苦
3. 我获利退出	获利退出不会让我破产	避免痛苦
4. 我在盈利，所以我要减仓	我现在想放松一下了	避免痛苦
5. 我在亏损，所以我要加仓	我想赢回亏损的钱	摆脱痛苦
6. 我达到今天的赚钱目标了，所以我停止交易了	我害怕失去我赚到的	避免痛苦
7. 我对交易没有真正信心	我很无聊或害怕错过	避免无聊的痛苦或错过的痛苦

"希望"在众多原因里名列前茅。俗话说得好，希望永不破灭。我们的大脑似乎不擅长从事风险管理，它有一个主要的目标：保护我们免受实际中的或感知上的痛苦。

当我们持有的仓位产生亏损时，我们的潜意识告诉我们的表意识要继续持有该仓位。它会尽可能掩盖这个信息，来保护你的自尊心，因为你的自尊心比你交易账户的状态更脆弱。

如果因为使用了"自尊心"和"潜意识"等词语，这一切听起来太虚无缥缈，那么就让我们用另一种语言探讨相同的观点。

避免痛苦

只要一个亏损的仓位还未平仓，那么它就可能扭亏为盈。一旦你平了这个仓位，坐实了亏损，这个损失带来的痛苦就会真实地降临。

我承认，在处理亏损交易时会出现很多细微差别。有人会认为，平掉亏损交易的那一刻，你就可以停止为浮亏而苦恼，并开始寻找其他交易机会。我个人也同意这种观点。当我持有一个亏损仓位，而且我不再对它有信心时，我对自己以及我的心态所能做的最糟糕的事就是开始抱有希望。当一个亏损仓位在我的持仓窗口中一直存在时，我的思维和市场观点就不再自由了。当我平掉这个头寸时，我感觉又自由了，我又可以以机会主义的心态来接收市场信息。

然而，我的主要观点是，我们抱有希望的原因与希望本身无关，我们只是为了避免痛苦。

我看到过许多客户坚持持有亏损仓位而不愿平仓。每当他们的亏损仓位收到追加保证金的通知时，我看到他们不断地存入更多的资金。追加保证金是指券商要求交易者投入更多的钱来维持仓位不被平掉。他们只是不想承担损失。

更让我困惑的是，我又多次看到这些仓位转为盈利时，客户却立即平仓。我经常看到这种情况。他们并不是因为对这个仓位有信心而持有它，而是因为他们不能忍受自己错了。一旦他们从亏损的痛苦中解脱出来，他们就立即平仓，收益为零。他们如此庆幸自己避免了犯错的痛苦，却完全忽略了市场现在已经站在了他们这边。

他们并不是在交易金融市场，他们在交易自己的情绪，根据自己的感觉作出反应。当他们为仓位好转而松一口气时，他们又把还要再经历一遍这种焦虑的恐惧和痛苦联系到了一起。由于这种联系，他们平仓了。他们感到如释重负，因为想着不必再经历这种焦虑了。

如果你以"获利退出不会让你破产"为借口提前获利离场，那么你是在回应你大脑对未来痛苦的警告。如果你处于盈利状态，却减仓，那么你实际上是在提前规避失去盈利的痛苦，你在合理化你避免痛苦的方式，尽管实际上痛苦并没有发生。

我想再强调一下。如果你不确定你是基于机会主义的心态还是恐惧的心态来交易的，那么回答这个简单的问题：当你赚钱时，你是加仓还是减仓？

当事情进展顺利时，绝大多数交易者都会减仓，因为他们担心他们的连胜记录最终会结束。他们也可能会在交易业绩糟糕时加仓，好赢回亏损的钱。

正如杰出的标普500交易员格雷格·德·里巴（Greg De Riba）在纪录片《场内交易员》（Floored）中所说的："99%的人都没搞明白。当他们赢钱时，他们却开始减仓。要加仓啊！"

对于潜意识来说，无论是感知的痛苦还是真实的痛苦都无关紧要，因为我们对它们的回应和产生的情绪都是一样的。当痛苦是真实的，即由于交易损失而导致身体和心理上出现真正的痛苦，我们的自我会竭尽所能地努力赚回这笔钱。这是"错了却加倍下注"这一想法背后的主要驱动力。

在连续亏损的时候，我们告诉自己，我们离再次获胜是如此之近，因此结论自然而然就是加倍下注，想要赢回之前亏损的。

在亏损的交易中加倍下注的真正（潜意识）原因是试图摆脱痛苦。我们不是在试图避免痛苦，而是正在处理现有的痛苦，我们试图回到之前那种没有痛苦的平衡状态。

无所畏惧地行动

通过观察数百万笔交易，你会学到很多东西。如果你想在金融市场上成为一个赚钱的交易员，我体内的每一根基因、每一根纤维都深信不疑的是，你必须改变你对恐惧、痛苦和希望的思考方式。

威廉·布莱克（William Blake）曾说过："有欲求而无所行动，就会滋生邪念。"我一直不懈地努力着，就是为了能够不畏惧、不犹豫地行动。衡量一个人成长的真正标准不是他知道多少，而是他用这些已有的知识做了什么。

我这么说是什么意思呢？

你有没有遇到过这样的情况，你看到了一个图表形态，第一冲动是买入或卖空，但接下来，毫无征兆，下一个念头却是恐惧？这是一个你无法控制的想法，它突然就出现在你的脑海中。

在我的职业生涯中，我曾经经历过这种情况。当它发生时，我知道我需要重新调整自己。也许我需要冥想，也许我需要睡觉，也许我需要吃饭或散步。我知道有些事情正在阻碍我，我需要解决它。

我的自由创造思维告诉我要做一些事情，但我的恐惧本能立即警告我不要去做，因为我可能会亏钱。

实际上，你不交易是否正确，这个仓位让你赚钱还是亏钱，都不重要。这些都是事后的想法（合理化或找理由）。我们可以将它们归类为轶事证据或没有价值的证据。我们都有个抽烟到90岁但身体依然健康的叔叔（这是轶事证据），但这并不能证明吸烟的合理性。

如果我的自由思维支持某个仓位，而我的恐惧则聚焦在该交易失败的后果上，那么我基本上是在与自己争论。用一个高雅术语形容这种现象，这就是认知失调。

从恐惧或贪婪的角度进行交易不会产生良好的决策。

我的建议是：停止交易，开始思考。这是怎么回事？我经历认知失调，通常是因为以下的一个或两个原因：

1. 我交易疲劳了（或者身体疲劳——你听过"疲劳让我们都变成懦夫"这句话吗？）。

2. 我没有做好足够的准备工作。

她如何起舞

你是否经历过市场如自由落体般暴跌，而你却不愿做空，因为你害怕你可能会亏钱？我写这本书的目的不是要让你摆脱这些恐惧。恐惧将永远是我们生活的一部分。我的目的是让你明白你为什么会感到恐惧以及如何处理恐惧，这样你就可以进行交易了。

我接受我是一个受情绪支配的人，我知道我无法逃避情绪，也不应该试图逃避它们。因此，我想帮助你了解你的恐惧，它为什么存在，以及如何与它成为朋友。

在第三章，我写过菲利普·珀蒂，那个在双子塔之间走钢丝的人。他害怕蜘蛛。是的，这听起来有点傻，不是吗？不过他处理恐惧的方法值得借鉴。他会尽他所能去理解他对蜘蛛恐惧的本质。他会研究蜘蛛，他会学习关于蜘蛛的一切。通过学习，他会逐渐明白自己恐惧的本质。

那怎么把这些应用到交易世界呢？让我们来看一个实际的例子。我交易富时100指数，起步仓位大约是1点300英镑。现在，我必须找到最佳的入场点和最佳的退出点。

但如果我害怕怎么办？如果我因为不确定市场表现而害怕交易，我该怎么办？

你越了解你的对手，你就越能理解她在做什么。我在这里用"对手"这个词，但实际上，市场是我的朋友，我想和她共舞。但我害怕出丑，所以，我研究她的走势。

我还没见过其他交易者像我这样做，所以我认为这是一种分析市场的新方法。这是不是一种新方法并不重要。重要的是，我能够了解我的舞伴能做什么。对她的价格行为我可以有何期待？它不稳定吗？还是平稳的？

观察图5.1。

我们都是事后图表专家。然而，研究过去的价格行为会给我强有力的提示，让我知道我在交易日可以期待什么。你可能会看到市场一开始上涨，形成双顶，然后下跌。

让我从另一个角度向你展示图5.1，见图5.2。

我把图表分解成了最小的组成部分，这是我追求无畏交易的努力一部分。我看到第一波上涨了24点，回撤了9点。我看到创造新高的尝试，但只反弹了6点。

第五章 与我的人性战斗

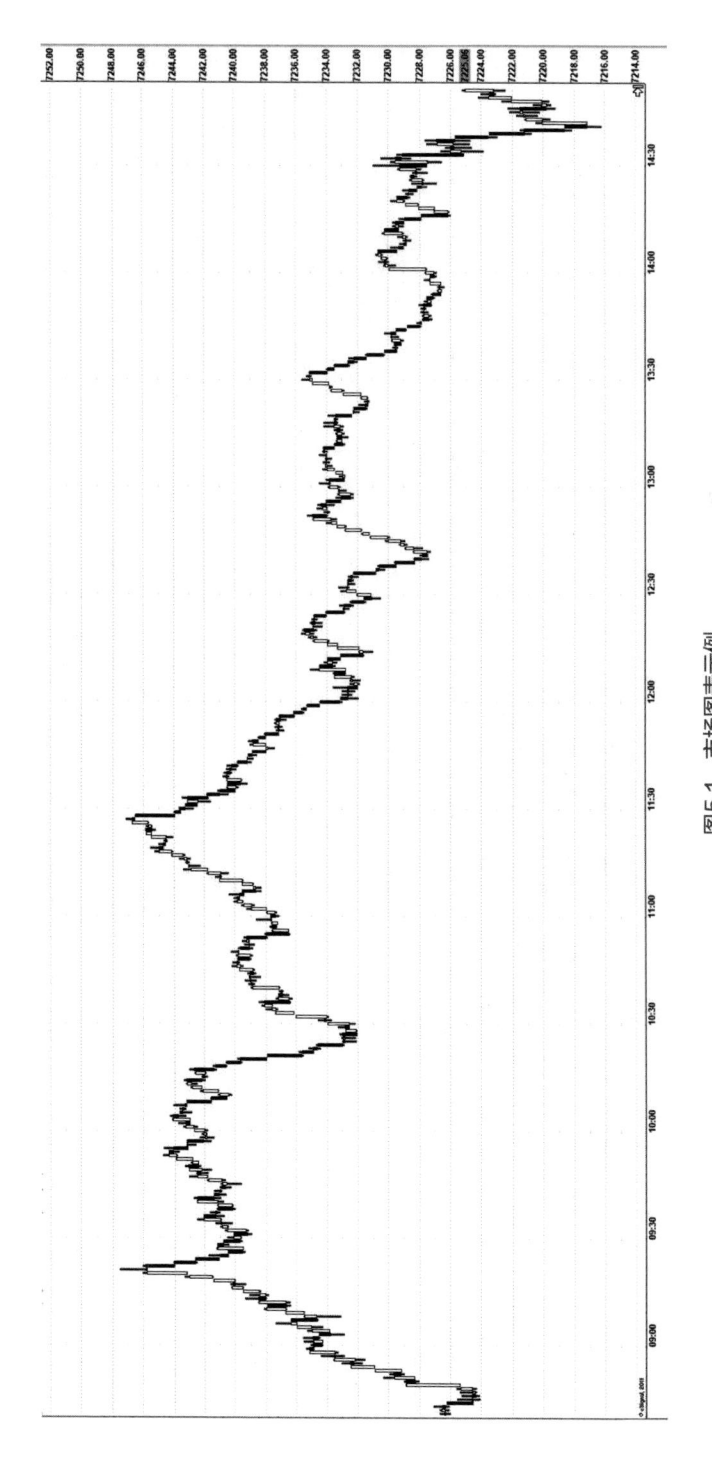

图5.1 市场图表示例
（资料来源：电子信号eSignal期货交易软件）

最懂输的人才能成为赢家

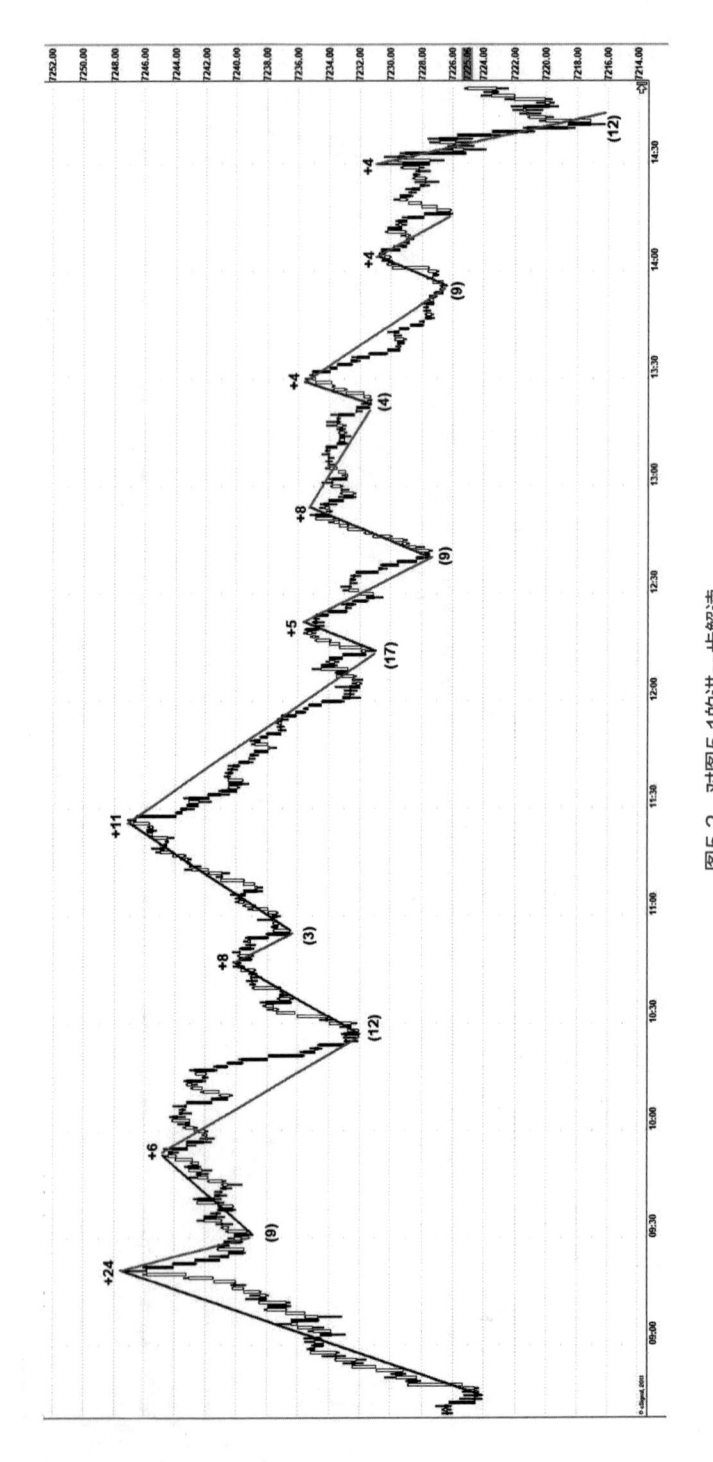

图5.2 对图5.1的进一步解读
（资料来源：电子信号eSignal期货交易软件）

我看到更深的12点回撤，看到8点的反弹，3点的回撤和另外11点的反弹。

除了一个17点的回撤，**其他的回撤都在9点到12点之间**。你可能会讽刺地说，如果在交易日开始前你就知道这一点，那就太棒了。嗯，其实你是知道的。让我在图5.3中向你展示前一天的情况。

除了一个14点的回撤，**其他的下跌回撤都在7点到12点之间**。

我实现不带畏惧交易的方法是情绪自律、心理热身和对市场行为了解的结合。虽然这两个交易日的结果不同，但它们的行为并不完全不同。

我会带着以下知识进入交易日：

1.深度回撤和明显波动通常在10点左右。
2.强劲趋势的小幅回撤在3点到7点之间。

知道这些，再加上对基本价格形态的了解，我可以制定一个入场策略，目标是尽可能减小风险。例如，在图5.3中，当市场已经上涨了11点时，我会等待，好在回撤后买入。我知道大多数回撤在7点到12点之间，最近的在这个区间的三个回撤分别为8点，7点和10点。

现在我准备买入了。假设我在市场回撤了7点的位置买入，我可能会害怕市场朝对我不利的方向移动。但根据我对昨天情况的了解，市场在回撤时不太可能超过12点。因此，我会根据过去的市场行为，在适当的距离上设定止损。

有纪律地等待正确的进场时机，再加上对过去价格行为的了解，会将你与大多数交易者区别开来。他们可能没有做出同样程度的准备。通过你的准备（当然，现在我是在说我自己的情况），你正在逐一解决恐惧心理可能带来的问题。你的恐惧心理可能会说："如果我亏了怎么办？"如果它这么问了，那答案就是，如果市场下跌超过12点，那么你的仓位可能是错的，你的止损点将保证你的顺利离场。

当我通过个人频道帮助那些挣扎中的交易者们时，我首先问他们，是否记录了自己的交易？我并不是指在纸上写下特定的交易入场点。我的意思是，他们是

最懂输的人才能成为赢家

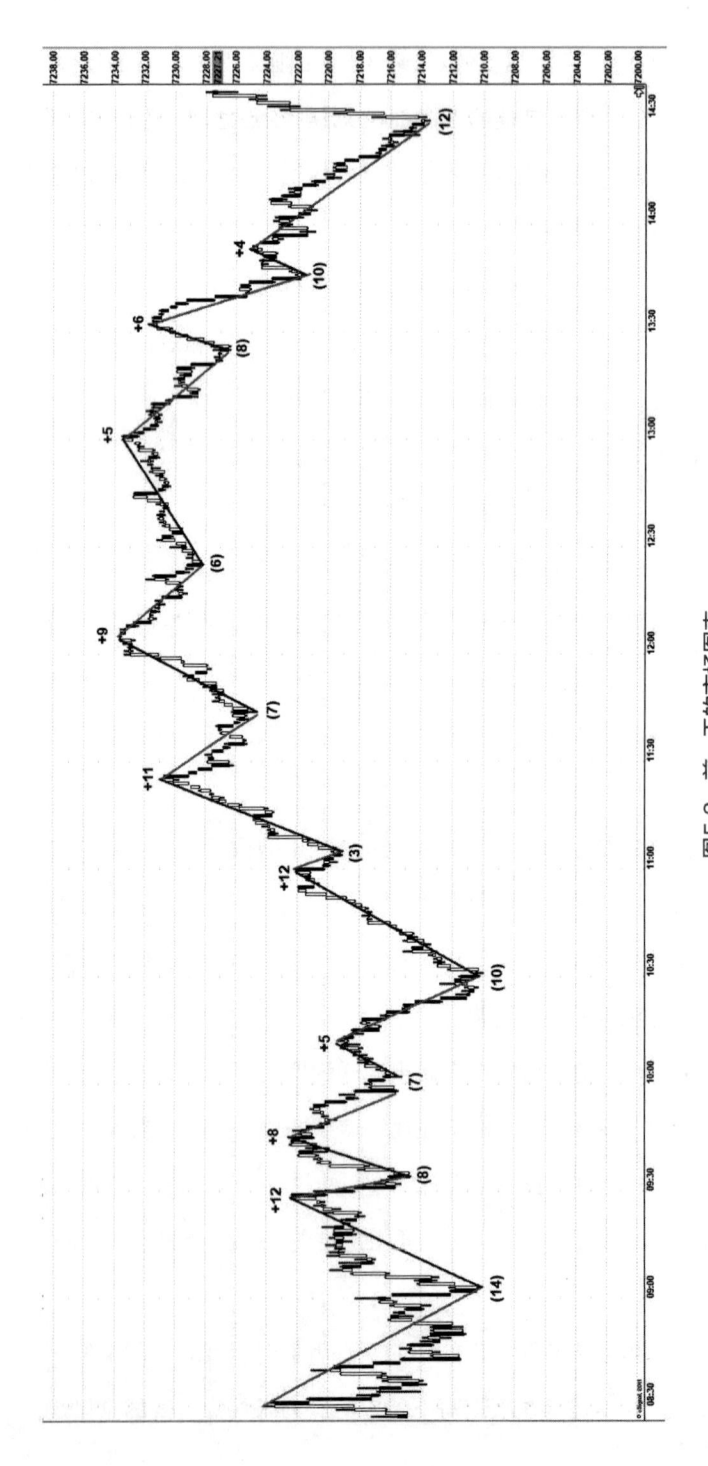

图5.3 前一天的市场图表

（资料来源：电子信号eSignal期货交易软件）

否在交易日结束后在图表上标记他们的交易入场点？

我这里列举了几个我自己的交易日记中的例子，作为直观的参考指南，见图5.4和图5.5。在交易日开始前的早上，我用这些热身。我从过去的交易日中随机选取交易记录，并重温那些时刻，糟糕的时刻让我燃起不再犯同样错误的决心，好的时刻用作今天的灵感。

通过观察自己过去的行为，我能强化自己的优点，同时注意自己的弱点。我会观察我匆忙的交易决策和冲动带来的灾难性后果，我会观察那些我没有让利润奔跑的交易。实际上，查看我的糟糕交易是一种自我折磨，不过我知道这会起到积极的催化作用。

顺便说一句，我不是唯一一个这么做的人。我曾读到，迈克尔·乔丹和克里斯蒂亚诺·罗纳尔多会从别人对他们和他们表现的负面评论中获得动力。他们带着这些评论，将其作为推动他们取得更大成就的动力。不幸的是，没有人评论汤姆·霍加德和他的交易，因此我通过让自己重温过去的不良交易来模拟这种情况。

不是一个人

我在交易现场看到的最频繁的灾难性、冲动性模式可以分为两类：

1. 客户在他们认为看起来便宜的市场上做多。情况往往是，他们买入的是已经建立起来的下跌趋势。

2. 客户在他们认为涨幅过大的市场上执行了做空。在他们看来，市场已经不能再上涨了。

如果你认为我在编造这些事情，我并不怪你。毕竟，在我们生活的这个开明时代，信息自由流动，交易员不可能做出这种行为，对吧？

为了证明我的观点，我查阅了2021年10月26日的IG客户情绪报告。IG市场是

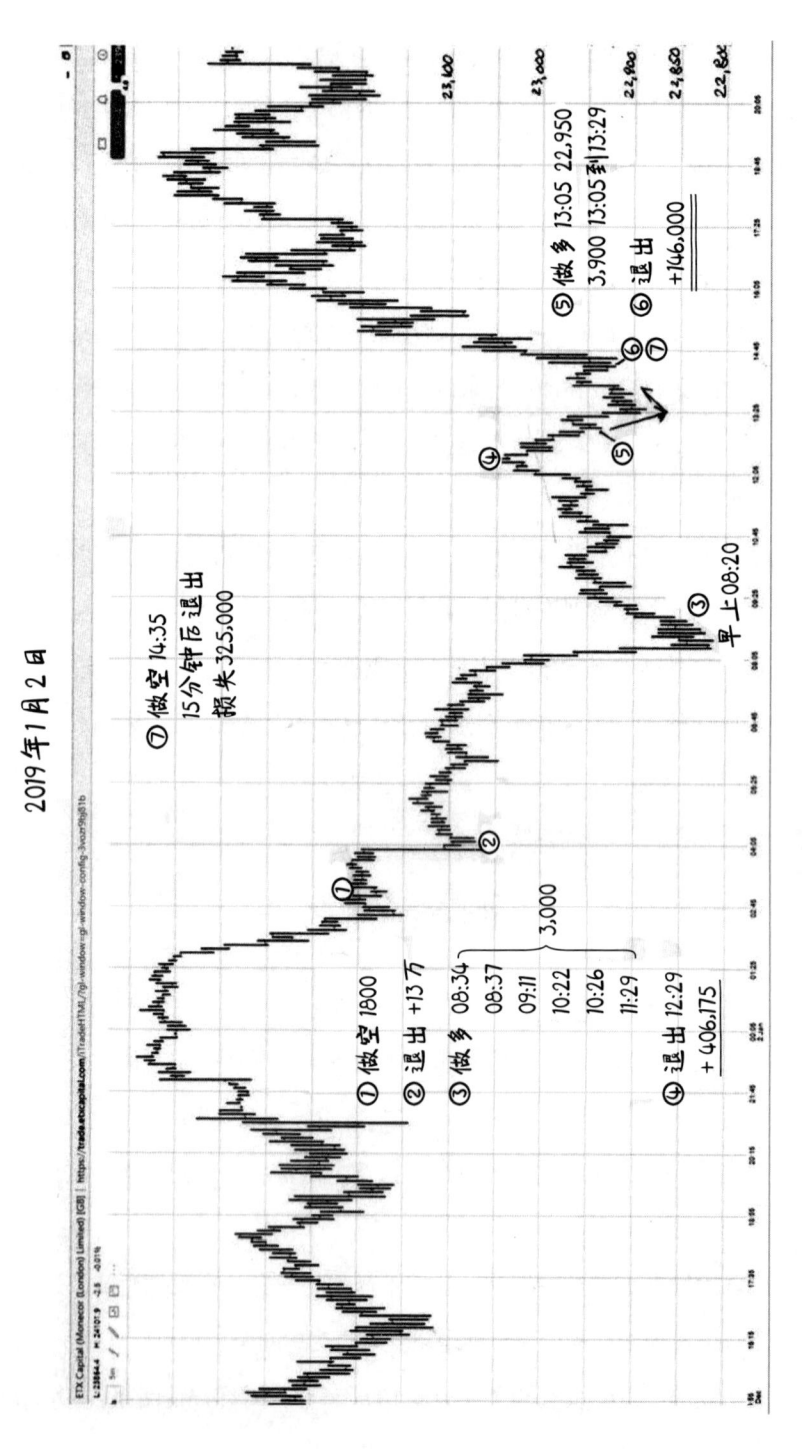

图5.4 2019年1月2日交易示例

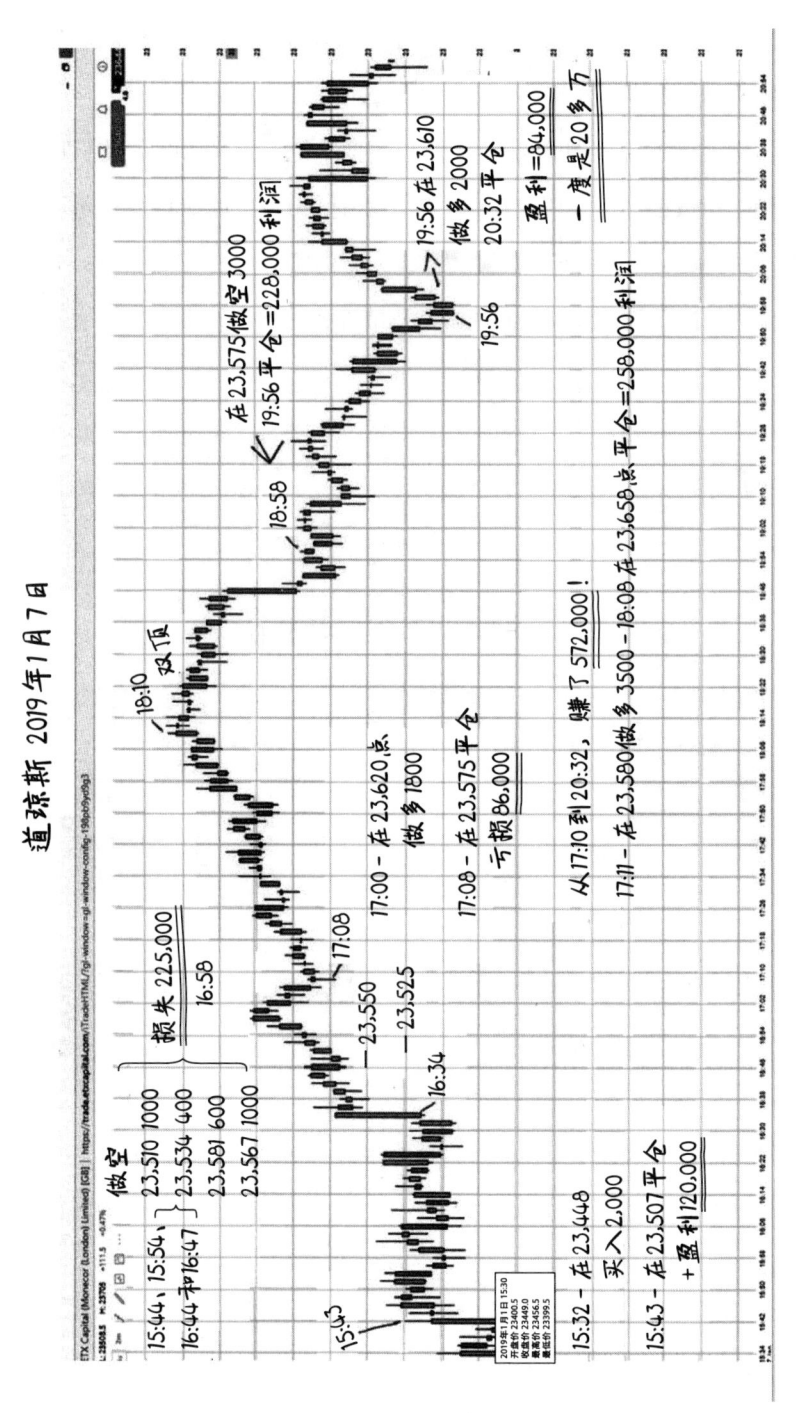

图5.5　2019年1月7日道琼斯交易示例

一家已经存在多年的券商，他们的客户群体是全球性的，因此他们的这份情绪报告代表了散户交易群体的大部分交易头寸。

在我向你展示这份股票指数情绪报告之前，我想告诉你，在报告发布的当天，全球股票指数都创下了历史新高。英国富时100指数的交易量达到了多年未见的水平。在美国，道琼斯指数的交易量也创历史新高。

因此，你可以想象，如果我的观察是不准确的，那情绪报告上的结果会偏向看涨。

但你错了，我对交易者行为的观察是对的。在道琼斯指数创下历史新高的那一天，71.39%的道琼斯指数头寸为空头头寸。德国DAX指数和富时100指数的情况也没好到哪里去。

表5.2 2021年10月26日IG客户情绪报告结果

交易品种	净多头（%）	净空头（%）
德国DAX指数	37.04	62.96
富时100指数	30.60	69.40
标普500	39.85	60.15
道琼斯指数	28.61	71.39

这就是为什么90%的人会亏钱。我们没有看到市场真正的本质，我们只是看到我们自己的观点。只有抛开自己对市场走势的预设想法以后，图表才会发挥作用。

我们亏钱的原因不是因为我们对技术分析或整个市场的了解不够，而是因为我们拒绝接受眼前的事实。

我的基本假设是，人们：

1. 在进入交易之前，思维方式不对。

2. 在交易中，思维方式不对。

这让我想起了马克·道格拉斯（Mark Douglas），他是交易行业的一盏明灯，激励了成千上万的人。他在他的书《交易心理分析》（*Trading in the Zone*）中说，好的交易者"与其他人的思维方式不同"。

我创造了自己的短语。我认为人们在应该抱有希望的时候感到害怕，在应该感到害怕的时候抱有希望。我想用一个例子来说明这一点。

假设你在15510点买入德国DAX指数，现在市场已经上涨到15525点。但你并不认为市场可能会继续大涨，给你带来更多的利润，相反，你开始害怕已经赚到的点数会亏掉。

这也就是我说的意思：在这种情况下，你应该充满希望，但相反，你却感到恐惧。你害怕失去已赚取的点数，却没有考虑这个仓位可能会给你带来的利润。你的注意力都在情绪而不是机会上。

当你的仓位处于亏损时，情况恰好相反。现在你希望市场会反转。你的唯一目标就是摆脱痛苦。你不是在害怕会损失更多，而是在希望亏损能减少。每一个有利的价格波动都被庆祝，而每一个不利的波动都被忽略。

如果想交易得好，你需要扭转这种态度。你需要教育你的大脑，在它错误地害怕失去利润时，要对获利抱有希望。在它错误地希望某个仓位会变得有利时，要害怕损失。

这始于对这种行为的觉察。也许我和我一个学生的交谈可以进一步阐明我的观点。

与我学生的对话

在下面的对话里，我和我的学生在讨论我正在持有的做多英镑兑美元仓位。

> **汤姆**：请详细说明。
>
> **学生**：嗯，我已经有了40点的利润，但你却不让我获利退出。
>
> **汤姆**：你要想获利退出，我也不拦你。但你要问我的想法，那就是该继续持仓。也许你可以想想下面几种情况，然后问问你自己，要是这种情况发生，你是什么感觉：
>
> 继续持仓，然后止损点强迫你出场，没有利润。
>
> 继续持仓，市场暴涨更多。
>
> 平掉仓位，市场暴涨更多。
>
> 平掉仓位，市场下跌。
>
> **学生**：我觉得最好是平掉仓位，让利润落袋为安，而不是冒市场可能拿走我已经赚取的利润的风险。
>
> **汤姆**：那要是市场在对你有利的方向暴涨更多，你什么感受？
>
> **学生**：我会失望，但我总能再入场。
>
> **汤姆**：如果你再次入场，你就再次支付佣金或至少支付价差，而且你会错过那一波暴涨。能从暴涨中获利的唯一方法就是你已经在暴涨的波动之中。
>
> **学生**：是的，但至少我会持续追踪这股势头。
>
> **汤姆**：确实，但你已经处于势头对你有利的持仓中了。
>
> **学生**：我想我只是不想看到我的利润消失。

简而言之，就是这样。人们在亏损时会充满希望，在盈利时会感到害怕，我相信这是90%的人的思维方式。这也是在一项针对2.5万名交易者的研究中，即使交易者获利的次数比亏损的次数多，但他们平均亏损金额比平均盈利的金额高出66%的原因。

当交易者面临亏损时，他们希望情况会好转，这里的关键词是"希望"。当他们面对盈利时，他们害怕利润会消失，这里的关键词是"恐惧"。我的学生天真地以为他可以再次入场，但毫无疑问，他再次进场的价格肯定要比他盈利仓位的退出价格更差。因此，交易者会持有仓位，直到痛苦最终变得不可承受，然后平仓。不幸的是，这个阈值往往比希望的阈值更低。

这就是你需要关注的重点。

想要改变你的行为模式，这是你需要不断努力的地方。我不会说这很容易还是很困难，它就是这样。虽然它让你不舒服，但如果你无法让自己做必须要做的事，那么在投机这条路上走下去也没有意义。

你必须意识到，在交易中，我们更倾向于在痛苦的道路上追逐希望，然后越走越远，而不是准备好走上机会之路。这就是我们的天性，你必须意识到这一点，并制订好对抗自己天然行为的计划。

然而，我必须警告你。你的头脑就像一块肌肉，因此没有一劳永逸的快速解决方法，就像一次性做100个俯卧撑不会让你整个后半生看着像美国队长一样。

萎缩不仅发生在身体上，也会影响我们的头脑。你需要通过重复来训练你的头脑。我在本书结尾提供了我自己的训练计划，不过其实随着本书内容的慢慢展开，我已经在一点点描述它了。

不大寻常的行为

什么是不大寻常的行为？首先，我非常清楚大多数人在交易时表现出的缺点：让亏损继续、过早结束盈利仓位、过度交易、为了刺激和娱乐而交易。

但这已经为大多数人（即便不是所有人）所知，所以不大寻常的行为超出这些的范畴。我们很少问自己为什么做我们做的那些事。在交易时，我们为什么交易？在获利退出时，我们为什么获利退出？

我认为是时候引入一位相对不知名，但极受同行尊敬的交易员的话了。他曾是芝加哥期货交易所（CBOT）的一名交易员，名叫查理·狄弗兰西斯卡，也被称为"查理·D"。

我的英雄

查理·D带着梦想和一个小账户来到了芝加哥期货交易所。他有大学橄榄球比赛的经验，但除此之外，没有任何迹象表明这个人会成为芝加哥美国国债交易市场中最厉害的交易员。

他刚开始的时候很艰难。在头六个月里，他几乎没有进行过交易，他只是站在交易大厅观察。然后，在一天下午，他茅塞顿开，连续交易了两个小时，赚了5000美元。从那时起，查理·D便一发不可收拾。他成了交易市场的传奇人物，直到他过早离世。

在威廉·D.法龙（William D. Falloon）所著的查理·D传记中，这位伟大的交易员说：

"当你第一天能通过持有盈利的仓位，并不断加仓从市场获利的时候，你就知道自己是一名好的交易者了。在这个交易市场，有很多人已经交易了很长时间，但从未给盈利的持仓加过仓。"

给盈利交易加仓是成功交易员的绝对关键特征。它能强化正确的行为，它是对想要获利退出的诱惑的解药。当我的持仓盈利时，我已训练了自己的思维，它会问："怎么才能让我的持仓更大？"而不是沉迷于获利退出的想法。

查理·D接着谈到了他自己的导师埃弗里特·克里普（Everett Klipp），后者教会他如何正确交易：

"不幸的是，想要结束赢利的交易是人类本性。比如说，我在6块钱时做多，市场报价为7块，我们的头脑会立刻想要获利退出，这是人类的本性。另外，坚守亏损仓位也是人类的本性：我套在这里了，我不会平仓，我会等待。"

顿悟时刻

2007年，我遇到了一个人，他彻底改变了我的交易方式。这一切都是偶然发生的。我午休回来，我的一个同事也刚参加完一个教育公司的会议回来。这家教育公司教授技术分析，并向我的同事推销他们的产品，我同事恰好是市场营销主管。

你需要知道的是，我的同事是你可以想象到的最讨厌的伦敦东区人。他粗鲁、讨厌（我知道，我说了两次），傲慢无礼，好像没有人能告诉他任何他不知道的东西。然而不知何故，这家教育公司引起了他的注意。他兴高采烈地谈到一个叫大卫·保罗博士的人，后者给他介绍了一些基本的技术分析。

我同事给我看了那些技术分析，它们非常基础。我拿到的一份课程材料告诉我，我需要与这位博士进行一次对话。恰好他在约翰内斯堡有个为期两天的交易课程，于是几天后，我给自己订了一张机票。这是我参加的为数不多的关于技术分析的正式培训之一。

我在第四章中提到过他，现在我来更多地描述一下他。尽管大卫取得了很多成就，但他有一种令人难以置信的谦逊。他拥有机械工程博士学位，他利用他的出色才华为南非的矿工发明了一种钻井机。这并不是普通的钻井机，它能在钻井的同时把天然气抽出地面，因此几乎消除了爆炸的发生，从而拯救了生命。

大卫把大多数时间都花在投资和交易上，他成了一个富翁。在课程的第二天，大卫说了些改变我交易看法的话。

他说的大概意思是："当你的持仓盈利时，与其想着从哪出场，为什么不想想从哪加仓呢？"

他基本上告诉我要把一切都颠倒过来。大多数盈利的交易者都会先开始考虑在哪兑现利润的一半，然后再考虑在哪兑现另一半。

大卫认为这是90%的交易者会做的事。这些不是他的原话，但他确实认为，如果你想在交易中赚钱，就要做大多数人难以做到的事情。第一次尝试时，你可能会失败。这是情理之中的，但下一次可能会容易些，再下一次可能会更容易些。

做困难的事

大卫的基本观点是，当你处于一个盈利的仓位时，你应该给自己的仓位施加压力。这样做的理由是他自己在市场真正开始形成趋势时观察到的。

我试图对他的话作出不同的解释。当你对某件事的欲望超出了对它的恐惧，你就会得到它。你想在交易中获利，你可能对交易有很好的直觉，你现在可能也意识到，是你的思维导致了你的问题，而不是你对金融市场的了解出现了问题。

如果90%的交易者兑现一半利润，让另一半利润奔跑，那么也许正确的做法是加倍你的仓位，或者在其他人兑现一半利润的时候，保守地增加一点仓位。至少，当我坐在约翰内斯堡的酒店会议室里时，这就是我读到的隐含信息。

研讨会结束后，我穿过马路，把自己锁在酒店房间里。我坐下来等待。道琼斯指数正在形成趋势，我在等待回撤。然后我等某个五分钟K线收于前一个五分钟K线的高点之上，然后我就买入了。10分钟后，我增加了我的第一个仓位。20分钟后，我在双顶处平仓。那是我一生中最满意的交易时刻，一个全新的世界展现在我面前。

根据你的经验水平，你也许能回答，也许不能回答这个问题：为什么在亏损的仓位上加仓比在盈利的仓位上加仓更容易？我自己也曾多次对此感到疑惑。

你决定在12325点买入德国DAX指数。然后市场下跌到12315点，你很想加仓。为什么？

为什么在亏损的仓位上加仓比在盈利的仓位上加仓更容易？

事实上，你会喜欢在12315点而不是12325点买入，因为这让你有一个更好的入场价格。所以从经济学角度来说，在12315点再次买入是有道理的。这是简单明了的逻辑。你心中可能有止损点，可能也有盈利目标。现在，市场下跌，你有机会在保持税前同样的止损点的同时，减少10点的风险，而且还有更多的盈利潜力。你还创造了一个更好的平均价格，市场只需朝对你有利的方向移动更少点数，你就能盈亏平衡了。

简单且符合逻辑——这是我们的大脑所喜欢的。然而，你现在也增加了你的仓位风险，市场已经告诉你，至少就目前看来，你错了。我们很容易做错事，因为我们会给市场赋予价值。当市场给我们一个增加交易价值的机会时，我们会觉得很有吸引力。

那么，为什么给盈利仓位加仓很难呢？

如果我在12325点买入，市场对我有利，我会感到松一口气。现在，其他情绪会进入意识。贪婪会出现：你想赚更多。恐惧会出现：你想保护你已赚到的利润。

当市场到达12345点时，你会想，如果你现在买入更多，就会把平均价格提高到12335点。这意味着市场只需要下降10点，你的仓位就会达到盈亏平衡，你就不再盈利。

关键点在于：你的思维关注点在哪里？

当我们在亏损头寸上加仓时，我们决定关注更大利润的潜力。我们决定不去关注市场告诉我们我们错了的事实，我们决定不去关注我们刚刚让风险翻倍这件事。

当我们在盈利头寸上加仓时，我们决定把关注点放在市场可能会拿走我们的利润这件事上，因为我们现在增加了平均价格。我们决定不去关注市场正在证实我们观点的事实。

简而言之，市场不同意我们的观点，但我们相信市场是错误的，所以我们在亏损的头寸上加仓；或者市场同意我们的观点，但我们怀疑市场的正确性，所以我们不在盈利头寸上加仓。

这似乎不太合理，是吧？然而，这就是大多数交易者一直在做的事情。一开始给盈利头寸加仓可能会让你感到不舒服，不过没有人说你必须在第一次给盈利头寸加仓时就将交易量翻倍，你可以只加一点。

加仓策略

有两种给盈利交易加仓的方法。你可以使用相同仓位原则，即不断增加同等大小的仓位。比如说，一开始你买了10手，然后在更高的价格上再增加10手，以此类推。这是一种冒险的交易方式，因此，你可以使用第二个原则，即你的第一个头寸是最大的头寸，而后续头寸则较小。也就是说，你的第一个头寸可能是10手，但随后的头寸可能是5手。

当我交易时，我几乎总是使用相同仓位原则，但我建议你使用第二个原则加仓，直到你对给盈利仓位加仓这件事感到舒适为止。

建立新的思维路径

给盈利交易加仓的目的在于对抗你正常的人类天性。一开始，它并不是为了增加你的盈利能力，那是以后的事。它的目的是阻止你兑现一半的利润。

通过给盈利交易加仓，并思考"我怎样才能在正确时赚更多钱"而不想"我应该在哪里获利退出"，你正在建立一种新的交易思维方式。

你还记得马克·道格拉斯在《交易心理分析》开篇说的话吗？在交易中，持续的赢家"与其他人思考方式不同"。当你开始思考"我在哪里可以给盈利交易加仓?"时，你正在开始以不同的方式思考。从这以后，习惯成自然。你在大脑中建立了一条新的神经通路，或者至少朝着正确的方向迈出了有意义的一步。

控制风险

当你给盈利交易加仓时，如何控制风险？这是我经常被问到的问题。无论你是给盈利交易还是亏损交易加仓，答案都是一样的：设置止损。

有些听到这个答案的人会说："但如果我在一个盈利交易的加仓上止损出局了，那我也损失了原有交易的利润。"

是的，这是真的。但是，当你在盈利交易加仓上止损出局时，你仍有一些利润来缓冲损失，这不是比在亏损交易里加仓，然后承受所有损失带来的痛苦要好吗？至少当你给盈利交易加仓时，当前的市场是与你一致的。

在写这一章时，我在26629点时买入了道琼斯指数，我的止损点是26590点。道琼斯指数已经从26569点的底部反弹，所以我可能买入得有点晚了，但这并不让我困扰。由于来得太晚而错过的好交易比比皆是。但只要我设定好止损点，我就可以加入市场的势头，即使它已经运行了一段时间。

道琼斯指数涨至26649点，我又买入了一次，给我的盈利头寸加仓。现在，我在第一个仓位上的止损点已经移动，这表示我要承担更多风险。我的第一个止损点此时上涨至26629点。第二个仓位的止损点也是26629点。

现在，有两种情况可能发生。在理想情况下，市场会继续上涨，每一个点的涨幅现在都让我获得两倍于只有一个仓位时的收益。

不太理想的情况是，市场朝对我不利的方向移动，我的第一个仓位将会在盈亏平衡的位置止损出局，而我的第二个仓位将亏损20点。

这里没有什么魔法。这是一种哲学，源于对不想成为普通人的渴望。普通人的做法是平仓一半，继续持有另一半。

为什么要这样做？当市场认同你时，为什么只用一半的筹码来交易？

这就是90%的人正在做的事，而我不想做90%的人都在做的事，不管它看上去有多合理。长期来看，他们是错误的，而我想在长期来看是正确的！

此时此刻，我想向你传达的是一个非常重要的观点。我不知道在一次交易的过程中会发生什么，任何事情都有可能发生。然而，从统计学的角度来看，我知道在100次交易中会发生什么。在一次交易的过程中，你可能会赚，也可能会亏。在一次抛硬币的过程中，你可能会得到正面或反面，你可能会连续得到5个反面。但当你抛100次硬币时，从统计学上来说，你最终会得到50∶50的结果。

交易也是一样的。你可能正在连胜，你的屏幕上只有盈利的交易，但随着时间的推移，它会变得平衡。因此，不要过于关注单次交易的结果，而是要关注100次交易的结果。一次交易的结果是随机的，100次交易的结果是可以预测的。正因为如此，我们执行每一笔交易时的行为都需要是一致的，无论我们是否喜欢它。如果在每一笔交易中都运用同样正确的行为，那么我们几乎可以保证盈利。

什么是正确的行为？我们为什么不去观察其他人都在做什么，然后去做与他们相反的事呢？

这里的基本前提是，大多数交易者最终会亏钱。这是我们的出发点。现在我们来观察这些人在做什么。我已经观察了十年。以下是我所观察到的：

1. 不给盈利交易加仓

他们不给盈利交易加仓。想要赚钱，就要给盈利交易加仓，不管是一点点加还是翻倍加。慢慢开始，先加少量。

2. 不设置止损

他们不喜欢使用止损，因为这会把亏损的痛苦变成现实。似乎只要仓位还在，就还有希望。所以，为了长期盈利，要使用止损。在第一个仓位和后续仓位上都要使用止损。

3. 给亏损交易加仓

我们都喜欢在超市找到打折的便宜货，不是吗？请继续在超市淘便宜货吧。但是在金融市场上，不要仅仅因为你能以更低的价格购买它而买入更多。

虽然你有时会走运，但这是亏损的交易者的主要特征之一。记住，我们的重点是建立一种行为模式，以确保我们能长期盈利。

4. 兑现一半的利润

这一点可能会很难说明，所以请耐心听我解释。我认识很多交易者——甚至那些比我多交易几十年的老手——都主张兑现一半的利润。他们的想法是这样的：

我会冒20点的风险。

我会在盈利20点时兑现一半利润，把另一半仓位的止损点设置到盈亏平衡。

盈利40点时我再兑现另一半利润。

这听起来很有说服力。你平掉一半的仓位，如果市场逆转，至少你会在一半的仓位上获得20点的利润。我能理解这背后的思路。

对我来说，这种策略的问题是，它永远不会给你带来大获全胜的交易，而想要在这个行业中持续发展，你需要大获全胜的交易。你永远没办法参与到大行情中，因为你一直把自己限制在某个范围内。

我对兑现一半利润有两个基本反对意见：

（1）市场与你意见一致。继续保持仓位。

（2）我不相信风险—回报的理论，因为每个人在预知其回报是多少时都会限制自己，所以我不认为兑现一半的利润是交易的正确方式。

风险与回报

我刚才是说过我不相信整个风险—回报的理论吗？是的，我不相信。我相信风险限定。我不相信回报限定。

当我准备执行一笔交易时，只有一个变量是我能有效控制的：我将在这笔交易中冒多少钱或多少点的风险？

任何其他东西都是纯猜测。我能赚多少将取决于市场。除非我限制了我的利润，否则它不会取决于我。一位非常聪明的资深交易员曾经告诉我，输家会花时间想自己赚多少钱，而赢家会花时间思考自己输多少钱。

作为一名手动交易者（相比于使用算法的交易者），我能够控制的唯一变量是在一笔交易中我能够亏损的金额。我观察了10年间数亿次交易，且这些交易都是由一群本着善意、尽力赚取利润的交易者执行的，我由此得出了一个结论：设定盈利限制并不是交易的正确方式。

如果我在7240点买入富时100指数，并设定止损点为7235点、止盈目标点为7250点，那么如果富时100指数达到7250点并再次下跌，我当然会感到开心。然而，如果富时100指数上涨到7260点、7270点或更高呢？

当然，这个规则也有例外情况。我可能真的想在7250点的时候退出，因为我认为这个区域存在上升阻力，这甚至可能是我要做空的区域。我在7250点设置止盈，也可能因为在这笔特定的交易中我无法密切跟踪市场。但一般来说，我不会设定目标，因为目标会限制我的利润，特别是在市场处于暴涨模式的时候。考虑到这一点，我想给你展示一个我做出决策的例子，以及它最终是如何给我造成了巨大的损失的。

如何才能不做错

如图5.6所示，德国DAX指数出现了跳空上涨。我知道根据统计数据，48%的缺口在发生的当天就会被填补。考虑到90%的日内高低点都出现在交易日的前一个半小时内，我对在低处（箭头所示）卖空德国DAX指数感到很满意。我设置的止损点接近当天的高点，风险为35点。

如图5.7所示，德国DAX指数没有继续下跌，而是盘整走高，最终我止损出局，亏损35点。

之前的形态确实表明价格会上涨。是的，它看起来像是双顶抛售，但在跳空上涨日，继续上涨的概率要高于反转。记住这句话："在牛市中，阻力经常被突破，而在熊市中，支撑很少能够保持。"嗯，你可以把牛市替换为牛市趋势，把熊市替换为熊市趋势。

在图5.8中，在K线收盘价超过我的止损价时，我买入了多头仓位。实际上，这是一种停损转向操作（Stop and Reverse）。我从空头头寸中止损出局，进入做多持仓。

市场进入了盘整阶段，最终向上突破。如图5.9所示，我增加了做多持仓。到目前为止，一切看起来都很好。

此时如果我平仓的话，我的利润会超过之前做空造成的损失。然后我犯了一个错误。

现在你看出我做错什么了吗？我没有根据图表进行交易。我在交易我的账户，我在交易我的心态。我试图摆脱之前交易带来的痛苦。可以在图5.10中看到这一点。

虽然这令我非常失望，但我必须承认，我之所以平掉了我的多头持仓，没有别的理由，只是为了抵消之前的亏损。我说服自己平掉了这个仓位，而不是把止损点设得更高。直到我回顾我的交易日时，我才真正意识到我做了什么。

最懂输的人才能成为赢家

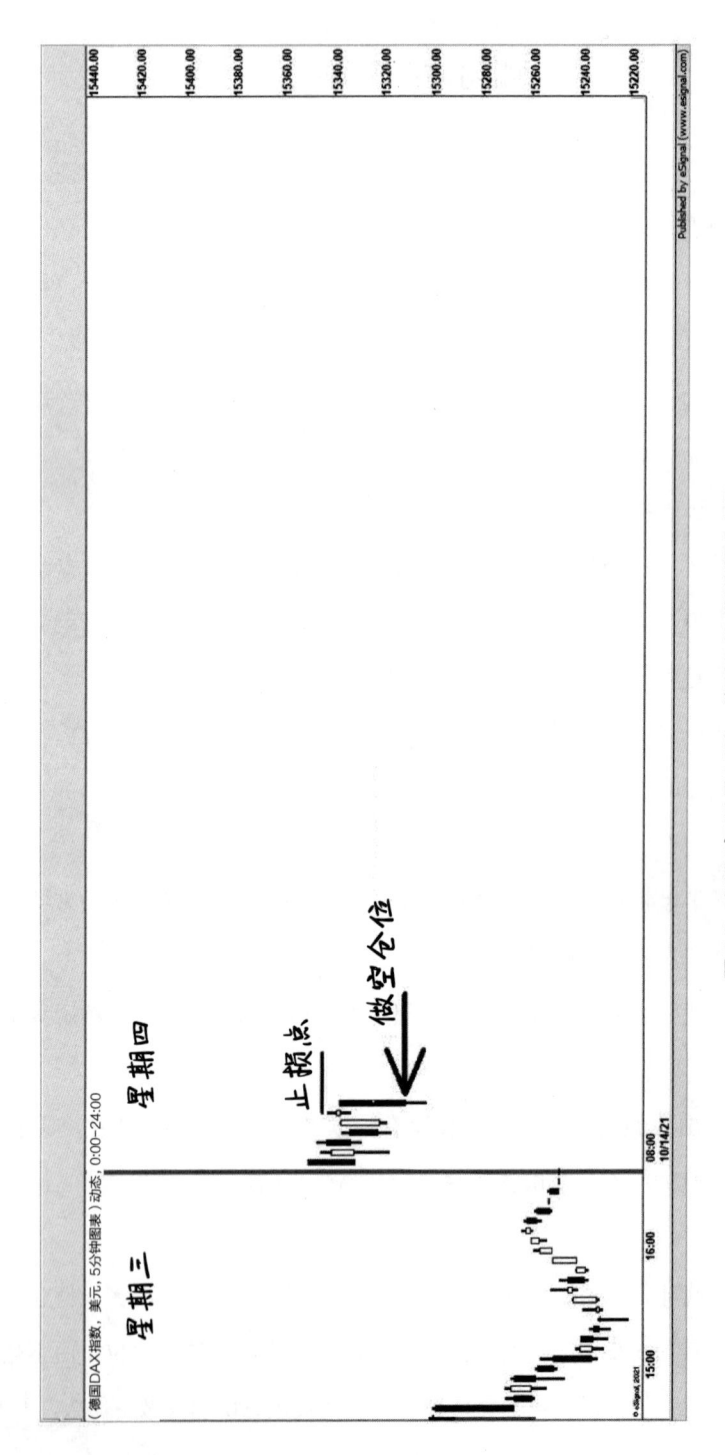

图5.6 2021年10月14日，德国DAX指数跳空上涨
（资料来源：电子信号eSignal期货交易软件）

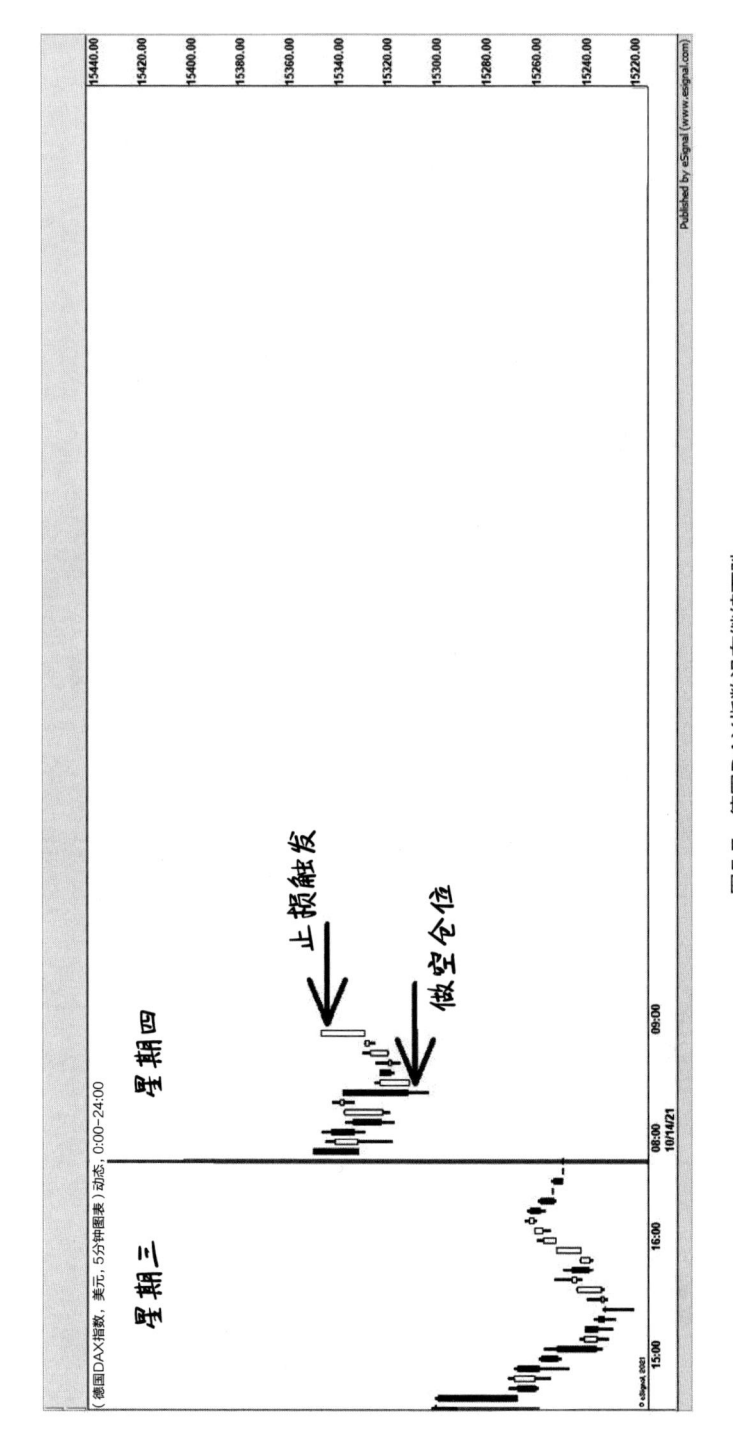

图5.7 德国DAX指数没有继续下跌
(资料来源：电子信号eSignal期货交易软件)

最懂输的人才能成为赢家

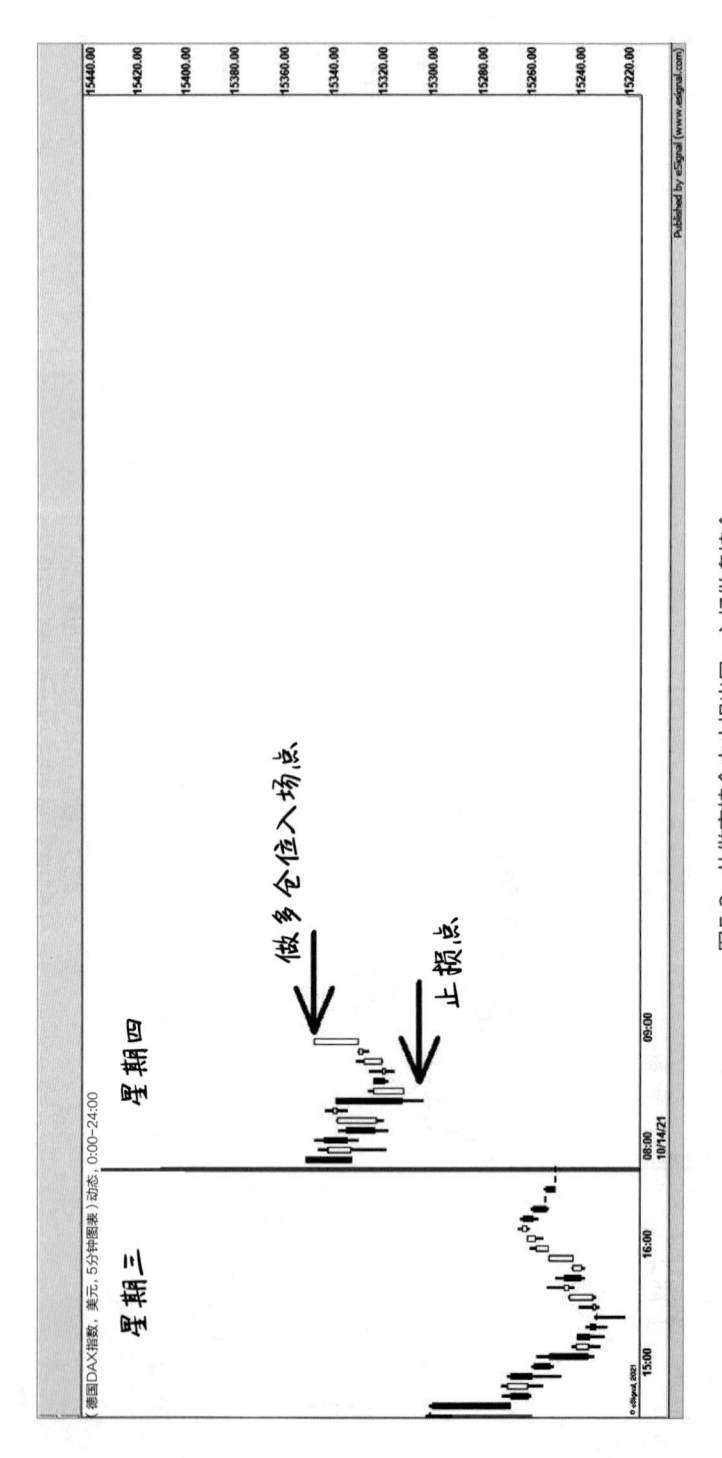

图5.8 从做空持仓中止损出局，入场做多持仓
（资料来源：电子信号eSignal期货交易软件）

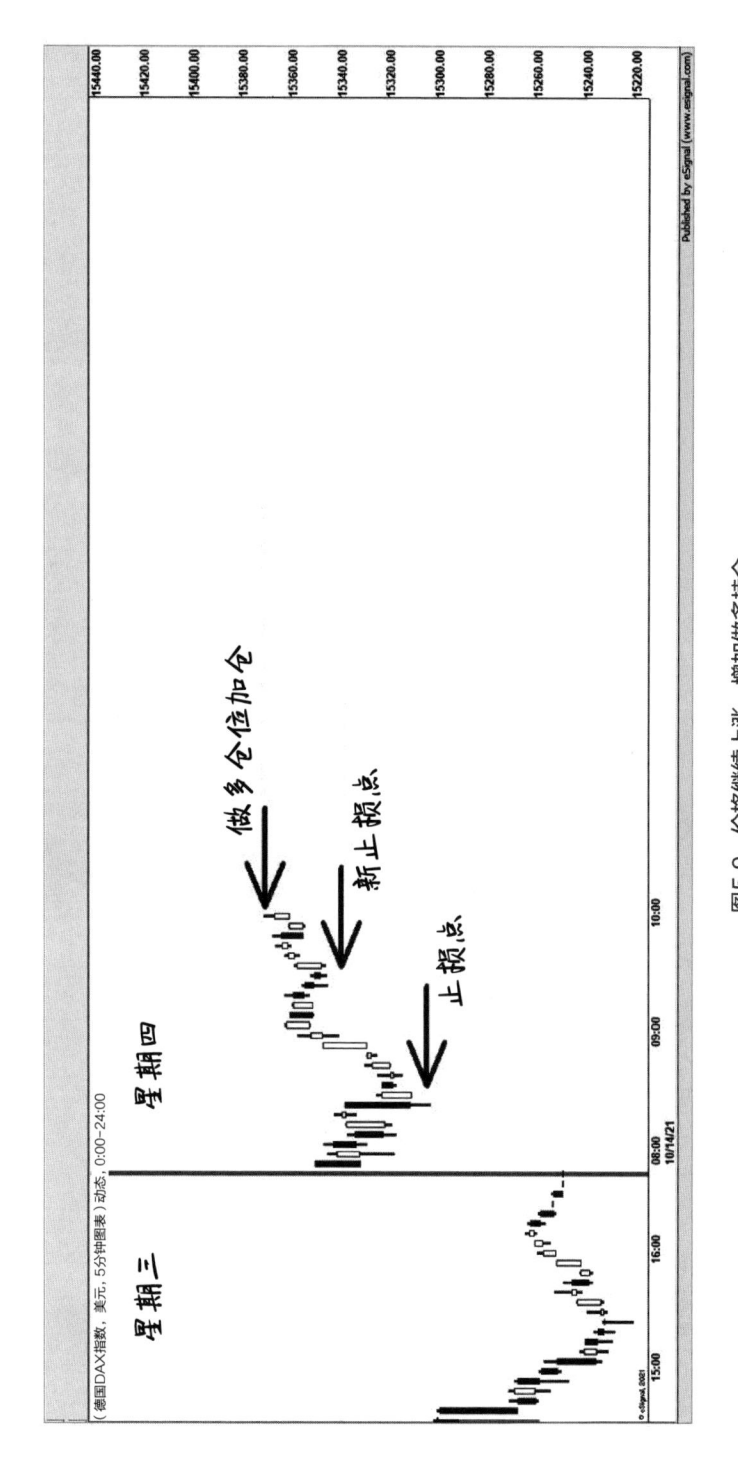

图5.9 价格继续上涨，增加做多持仓
（资料来源：电子信号eSignal期货交易软件）

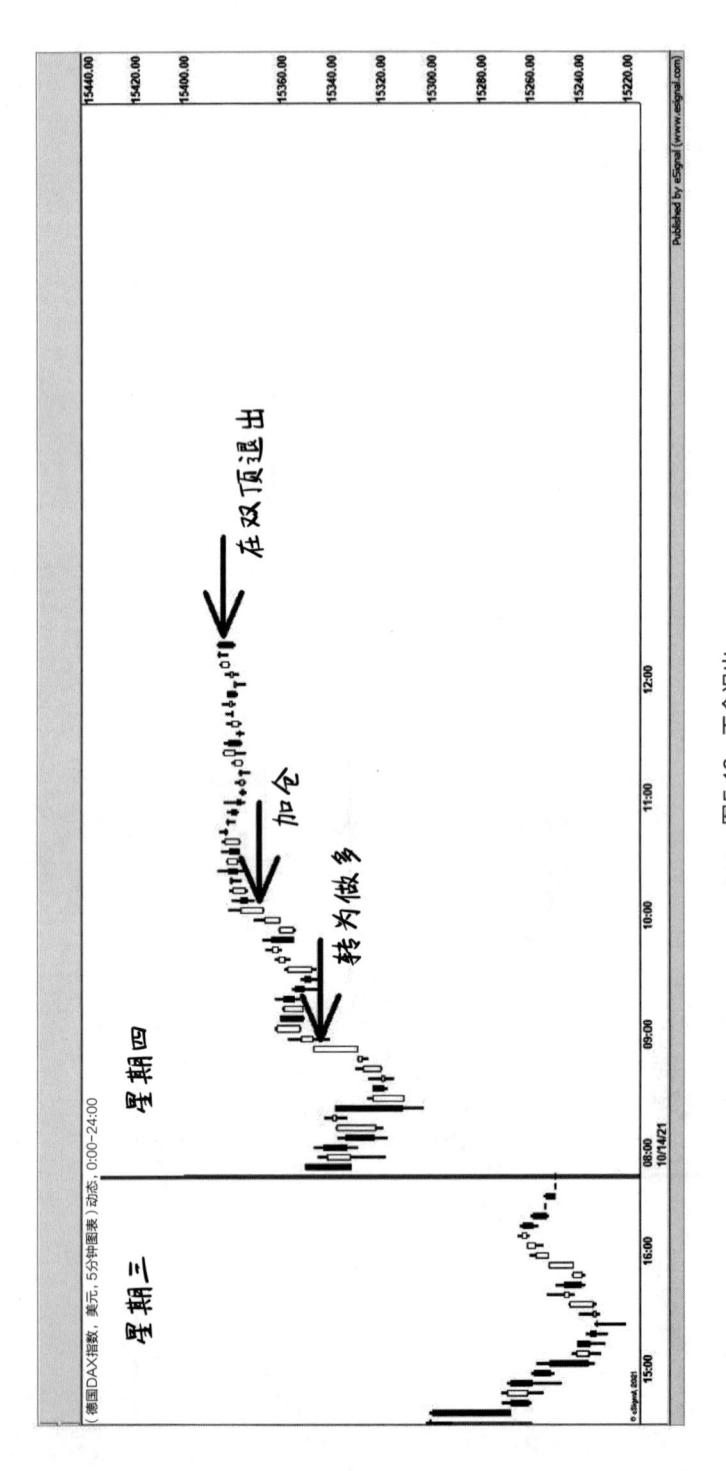

图5.10 平仓退出

（资料来源：电子信号eSignal期货交易软件）

就当时而言，市场并不完全反对我。在接下来的两个小时里，市场处于横盘状态。市场从趋势状态转向横盘状态的时间越长，之前的趋势就越不重要。至少我是这么告诉自己的。

然后随着美国市场的开盘，德国DAX指数上涨更多，而我没有参与其中。也许你还没明白我在这里提出的微妙观点，让我再说得详细些。

我不属于那种认为"获利退出不会让你破产"的交易者。我认为，如果你因为无法持仓让盈利奔跑而从未收获大幅利润，那么获利退出也能让你破产。

就这么简单！

图5.11显示了我平仓后发生的情况。虽然我不强求完美的交易，但我会认真地回顾我的交易，找出那些潜藏在我的交易思维中的错误。我是否保持了我的纪律？我是否给盈利持仓加仓了？我是否冲动行事了？

你看着图表，可能认为我做得还不错。但我看着图表，却在想我为什么要退出。错过那天末尾反弹带来的痛苦，超过了那天挽回之前损失的快乐。

如何给盈利头寸加仓

对我来说，给盈利交易加仓是一种习惯。在我的社交平台上，那些追随我的新手和经验丰富的交易者都对此表示惊叹，想知道我是怎么做的。

其中一个简单的方法是查看前几个交易日的记录，然后找出你想要加仓的几个位置。例如，你可能会查看欧元兑美元走势，并决定在每10点位处加仓。

我采取了一种不同的方法。我认为最好通过理论解释来说明。

我想交易富时100指数，并寻找一种给盈利头寸加仓的方法。我该怎么做呢？

第一步

我需要确定它的历史波动率。为此，我使用一种叫作真实波动幅度均值（Average True Range，ATR）的方法。在使用这个方法时，我会仔细区分我不想交易该

最懂输的人才能成为赢家

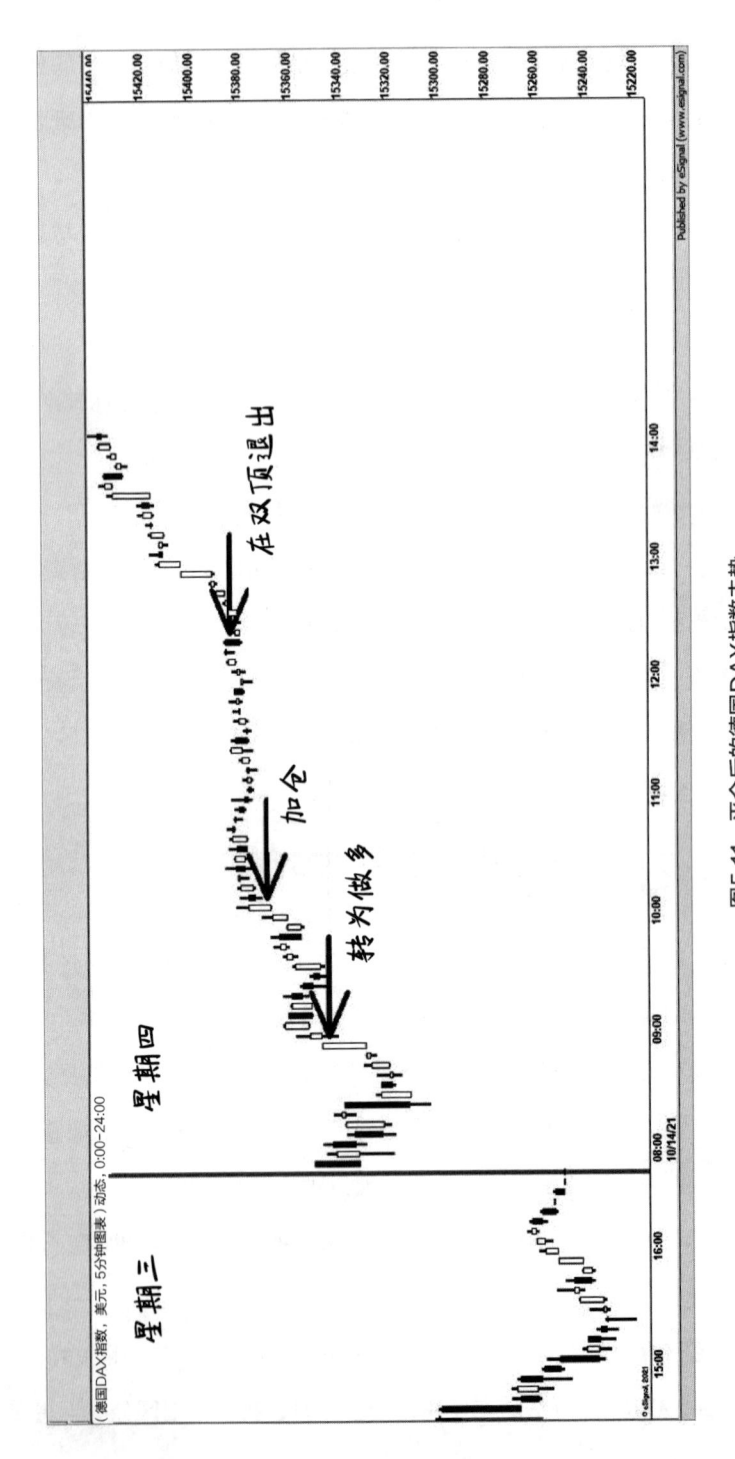

图5.11 平仓后的德国DAX指数走势
（资料来源：电子信号eSignal期货交易软件）

产品的时段和我想交易该产品的时段。

例如，在五分钟图表上，富时100指数在夜间的波动率可能为4点，而在格林尼治标准时间上午，波动率约为14点。这是一个显著的差异。

为了便于讨论，假设在我想交易的时段日内交易富时100指数，且已经确定了波动率为10点。

我们称该值为n。

$n=10$

我的止损点为$2 \times n$。

第二步

确定你想在交易中承担多少风险。它是你账户价值的百分比。例如，假设你的交易账户中有10000英镑，你决定冒2%的风险。

那么，10000英镑的2%就是200英镑。

第三步

现在我要确定我的交易规模单位，也就是我交易规模的大小。

如果$n=10$

风险$=2 \times n$

金钱风险$=200$英镑

那么我的交易规模单位$=\dfrac{200}{20}=10$英镑

第四步

那么，我就可以说我想在每$\dfrac{1}{2}n$处给我的仓位加仓。我认为这需要你根据自己的研究来决定。不过，为了论证，我会基于上面那些数字给你举个例子。

示 例

我在7500点买入富时100指数。

我的止损点是20点。

我的风险是每点10英镑。

我在每个$\frac{1}{2}n$处加仓，这意味着我会在每出现5点的涨幅时加仓。

现在，富时100指数的交易价格是7505点，我需要再买入一个单位。也就是说，我以每点10英镑的风险在7505点再次买入。

现在我有两个持仓头寸：

买入价为7500点，止损点为7480点的多头仓位。

买入价为7505点，止损点为7485点的多头仓位。

你可以很快得出结论，如果我不上移第一个仓位的止损点，它会导致比预期更大的损失。

在买入第二个仓位之前，我已经计划把第一个仓位的止损点上移$\frac{1}{2}n$。把第一个仓位的止损点上移5点，意味着第一个和第二个仓位的止损点是相同的。我此时的总风险是35点。

正如我希望你所看到的那样，这种交易方式可能会快速产生比你本来期望的更大的亏损。因此，我敦促你考虑此方法的变化形式，例如在第二、第三和第四个持仓中增加更小的投入。

你可能会问："到底为什么要加仓呢？"

因为通过加仓，我在积极地对抗大脑减少风险的倾向。我们的大脑想要获利退出，我则相反，我在增加持仓。

道琼斯指数真实交易示例

图5.12显示了道琼斯指数在趋势日的表现。我把趋势日定义为，市场在那天以最高价或最低价开盘，以最低价或最高价收盘。趋势日的问题在于，在这一天结束之前，你并不知道它是不是趋势日。因此，你必须根据你在图表上看到的内容进行推测，来判断这是不是个趋势日。

我研究了道琼斯指数的价格走势18年。我能识别出开盘第一小时的几种图表形态，我认为它们就是趋势日的前兆。其中之一是跳空上涨日之后的跳空下跌日，跳空下跌的缺口没有在开盘一小时内补上。

图5.12显示了一个上扬的星期四。我想向你展示的交易发生在星期五。星期五以产生持久趋势而臭名昭著，它通常会引发趋势日，尤其是月初或月底的周五。

我还附上了我交易屏幕的截图。

表5.3　2018年12月4日道琼斯指数交易截图

道琼斯指数	3000.0	25419.6	25135.9	851150.00丹麦克朗
	500.0	25458	25135.9	161500.00丹麦克朗
	700.0	25455	25135.9	224000.00丹麦克朗
	350.0	25469	25135.9	116725.00丹麦克朗
	450.0	25455	25135.9	143775.00丹麦克朗
	200.0	25441	25135.9	61100.00丹麦克朗
	300.0	25329	25135.9	58050.00丹麦克朗
	250.0	25356	25135.9	55250.00丹麦克朗
	125.0	25258	25135.9	15312.50丹麦克朗
	125.0	25259	25135.9	15437.50丹麦克朗

表5.3第一行显示的是我的总仓位，表明我对道琼斯指数进行了每点3000丹麦克朗的做空。我的平均入场位置是25419.6点。当前价格是25135.9点。3000意味着1点道琼斯指数的涨跌对应的是3000丹麦克朗，相当于每点500美元。

也就是说，道琼斯指数每下跌一点，我就赚3000丹麦克朗，反之亦然。每上涨一点，我就损失3000丹麦克朗。在截图时，我的利润约为851150丹麦克朗。

在我总仓位之下，你能看到我的每个入场点，加起来一共3000。

如果你看图5.12，你会看到数字1、2和3，这些是我做空加仓的位置。在图上的点1，我开始做空。我5次加仓空头仓位。就是我总仓位往下数5行的那些记录。在点2，我加大了做空的仓位。我这么做是因为市场疲软，而我确信趋势日正在形成。在点2，我增加了25%的空头仓位。在点3，我又增加了大概10%。随着市

最懂输的人才能成为赢家

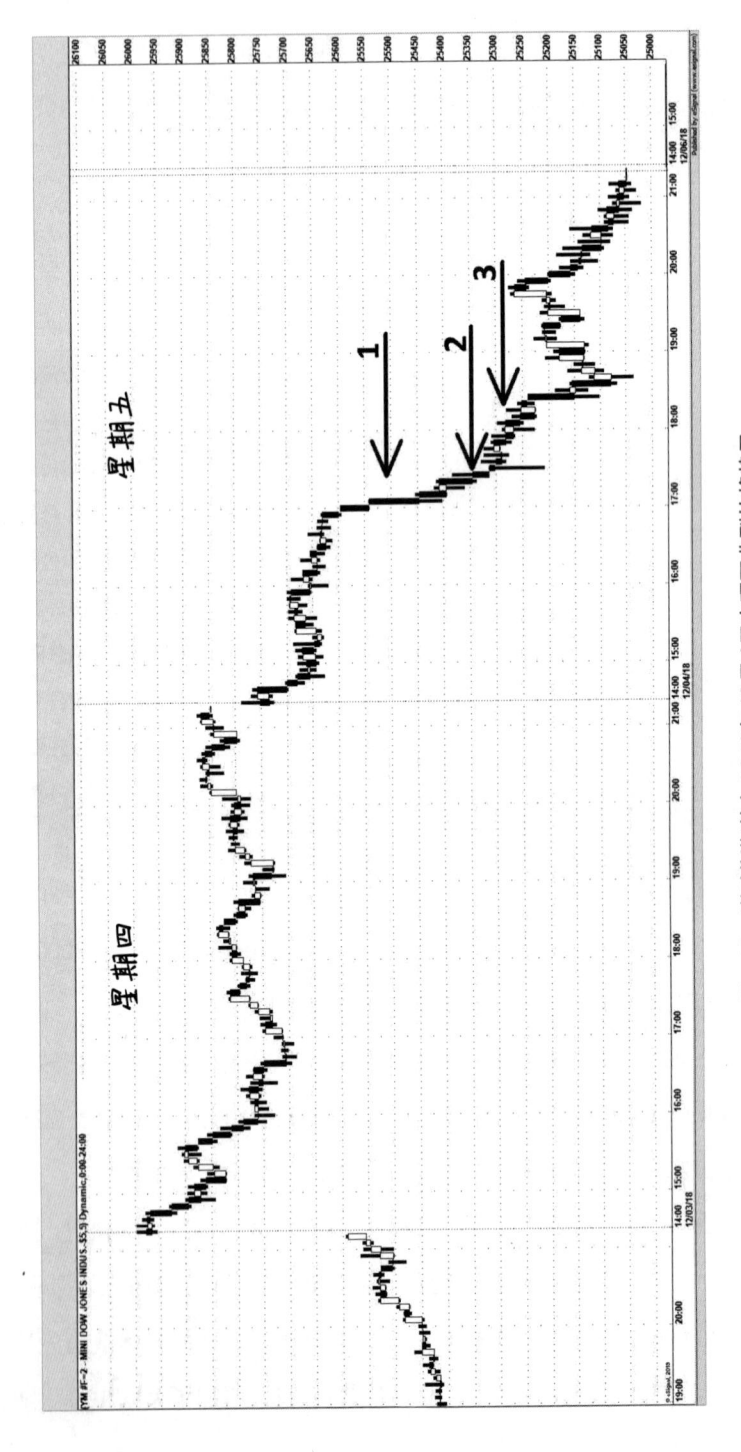

图5.12 道琼斯指数在2018年12月4日出现了典型的趋势日
（资料来源：电子信号eSignal期货交易软件）

场走低，我继续加仓，就像我受过的训练那样。同时，我也将止损点下移。

你在图中看不到的是，一开始，市场是向着对我不利的方向移动的。

我在这里的所作所为对你理解恐惧至关重要。我的持仓曾跌入谷底，然后我终于开始赚钱了。在亏钱期间，我的大脑不得不承受痛苦，而那时我的意识正给我发信号，要我减轻大脑在亏钱期间（15分钟前）所承受的痛苦。

我对抗这种痛苦的方法就是积极地做带给我这种痛苦的事。我通过增加不适来接受不适。如果我要反90%的人之道而行之，那这就是必需的。你会发现我所加的仓位都不大。但是，它帮我强化了正确的行为。

道琼斯指数大幅下跌，我进入安全区了。我的核心仓位已不受威胁，我的止损点设在盈亏平衡的位置。然而，我也做好了让它变成微利交易的准备，因为我希望它变成盈利巨大的交易。

你必须找到自己的风险容忍水平。曾经有人问过我："如果你不断加仓，那什么时候获利退出？"这是一个很好的问题。我通过图表来判断获利退出时机。如果我在图表上看到了双底形态，而我又在做空，那我可能就想获利退出了。或者我会把止损点放在我想进入市场的位置，只是换个方向。这是个很好的技巧。比如，在这个例子里，如果我做空道琼斯指数，我可能会把止损点放在我想买入的价格位置。

尽管我已经获利100点，但我并没有放松。我一次又一次地以更小的增量加仓，来强化正确的行为。

这笔交易有可能变得蔚为壮观，但它并没有。道琼斯指数在再次下跌之前强力反弹了，虽然我有所获利，但并不是你在表5.3里看到的那么多。

把这点传达给你很重要，因为我认为，为了抓住那些获利丰厚的日子，你要建立起一些标准来确定要放弃多少账面利润，这点很关键。

在某些日子里，我开始工作，只想赚取20—30点就结束。因为并不是每天都有数百点的利润空间。在另外一些日子里，市场一开始表现得非常强劲或非常疲软，我心里会想："这可能是一个真正的大日子。"

我有一个交易哲学，那就是我愿意牺牲我的利润去探索利润的最大范围。如果你没有这种哲学，你就永远不会知道利润最大能到多少。

如果你总是使用技术分析来考虑潜在的盈利目标，你很可能只是在说服自己退出一笔好交易。你可能正在使用技术指标来确定退场时机，我不赞同这种方法。原因就是，当市场正在形成趋势，而我又持有仓位跟随趋势时，我希望市场在那天以最强或最弱的价格收盘。

在所有股票指数的交易日中，至少有20%的交易日都会出现这种情况。是的，我曾经历过很多次失望，但我也有足够多出色的交易，让它成为我交易哲学的一部分。

德国DAX指数交易示例

让我给你看另一个我加仓的例子。这次我将向你展示我在交易时看到的东西。见图5.13。

第一波下跌时我并没有参与交易。我观察着反弹，寻找一个做空德国DAX指数的机会。在表5.4中，你可以看到我最初仓位的入场点（表5.4中方框1）。

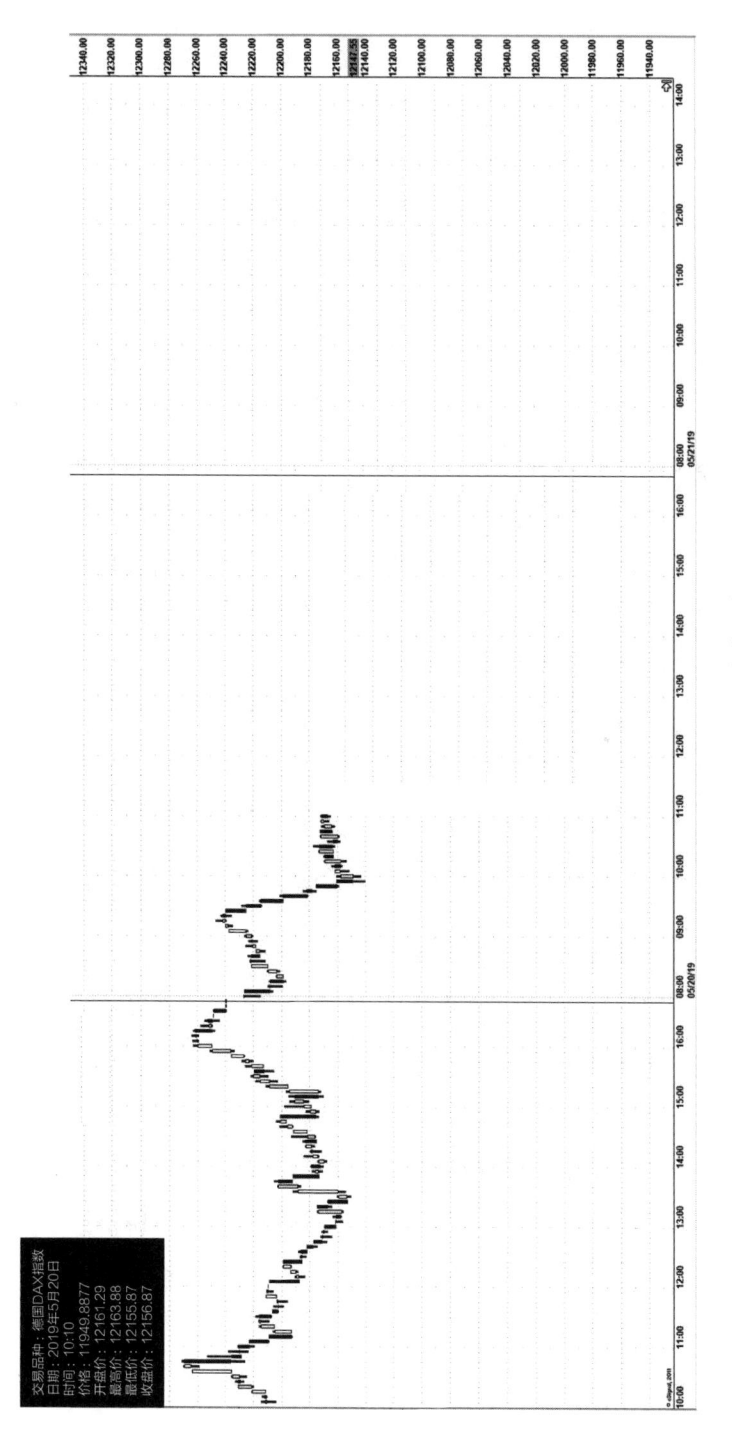

图5.13 德国DAX指数图表

表5.4　2019年5月20日德国DAX指数交易截图

交易商品	数量			浮盈/亏
德国DAX指数	5000.0	12130.7	12050.5	401080.00丹麦克朗
1	500.0	12164.7	12050.5	57100.00丹麦克朗
	500.0	12165.2	12050.5	57350.00丹麦克朗
	200.0	12166.8	12050.5	23260.00丹麦克朗
	100.0	12167.5	12050.5	11700.00丹麦克朗
	100.0	12162.3	12050.5	11180.00丹麦克朗
	100.0	12163.7	12050.5	11320.00丹麦克朗
2	100.0	12156.3	12050.5	10580.00丹麦克朗
	100.0	12156.0	12050.5	10550.00丹麦克朗
	100.0	12155.8	12050.5	10530.00丹麦克朗
	200.0	12146.3	12050.5	19160.00丹麦克朗
	1000.0	12110.8	12050.5	60300.00丹麦克朗
	1000.0	12110.8	12050.5	60300.00丹麦克朗
	500.0	12108.0	12050.5	28750.00丹麦克朗
	500.0	12108.5	12050.5	29000.00丹麦克朗

如图5.14所示，德国DAX指数最终崩溃并恢复了下跌趋势。你可以在方框2中看到我后续的卖空入场点。我想让你看到以下几点：

1. 我不害怕做空价格已经下跌的资产。这是大多数人不愿意做的事。

2. 在这个例子中，我逐步加仓，一旦我的头寸盈利，我就会激进地加仓空头头寸。

我强烈建议你思考一下如何将"给盈利交易加仓"这个因素引入到你的交易中。我对重写你的交易计划不感兴趣，也不想让你变成我的复制品。我感兴趣的是让你理解痛苦，将其视作加仓的晴雨表，看清它在交易中的价值。

如果它让你不适，那么它可能就是正确的做法。

我想再重复一下我之前说过的话，我认为你应该认真地思考这个问题：为什

第五章 与我的人性战斗

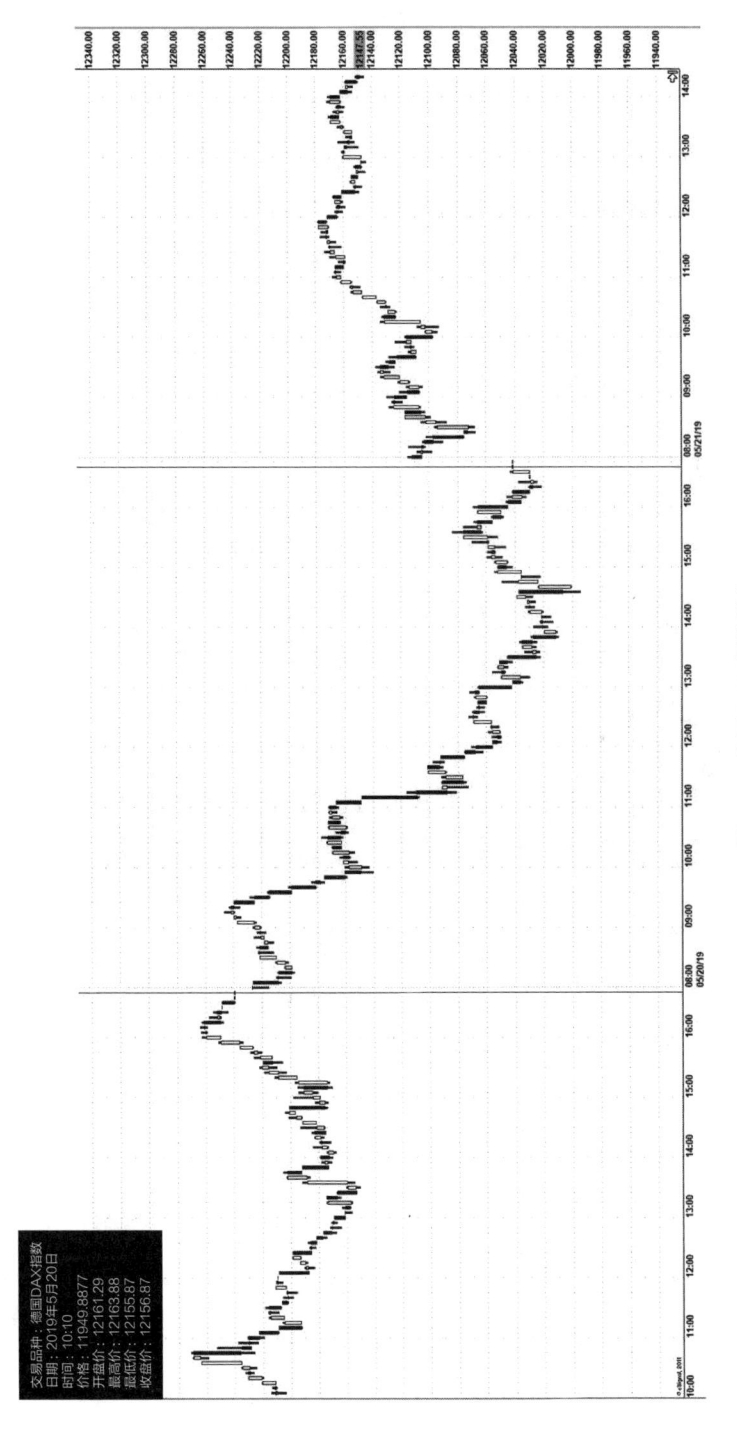

图5.14 德国DAX指数图表

么人们普遍觉得在亏损交易中加仓比在盈利交易中加仓更容易？

我绝不想被人指责说我美化交易，这确实是一项高风险的事业。20年前，欧洲大多数券商并没有我们今天所知道的负余额保护。而现在，它是一项法律要求。这意味着你的损失不能超过你交易账户中可用的资金。

但是，如果你像我一样加仓，你可能损失比你预期多得多的钱。

当你更擅长交易以后，你会想要交易更大的头寸，而当你持仓很大时，市场不必大幅改变方向，就可能让你失去一大部分利润。

如果你想看证据，这里就有一个例子。这是一个曾经看起来非常不错的德国DAX指数头寸，然而它从大幅盈利转变成显著亏损。交易是从11288点不错的做空仓位开始的。随着德国DAX指数的下跌，我给仓位加仓。然后市场反转，我在原来的高位又加了一点仓。

在截取下图的时候，我正以每点4500丹麦克朗做空，而我亏损了25点。我很快就平仓接受损失了。

表5.5 德国DAX指数做空失败案例

4500.0	11289.4	11314.0	−1105100.00丹麦克朗
300.0	11288.3	11314.0	−7710.00丹麦克朗
350.0	11286.8	11314.0	−9520.00丹麦克朗
400.0	11285.2	11314.0	−11520.00丹麦克朗
500.0	11285.0	11314.0	−14500.00丹麦克朗
500.0	11279.0	11314.0	−17500.00丹麦克朗
500.0	11274.8	11314.0	−19600.00丹麦克朗
450.0	11295.2	11314.0	−8460.00丹麦克朗
500.0	11293.2	11314.0	−10400.00丹麦克朗
500.0	11292.7	11314.0	−10650.00丹麦克朗
500.0	11312.7	11314.0	650.00丹麦克朗

不舒服

　　交易没有捷径，就像职业运动也没有捷径一样。我预想到了我会在交易过程中感到不舒服。有时候，几分钟就像几小时那么漫长。我的急躁在体内鼓动，我急切地想要做点什么。比起与市场作斗争，我更多的是在与自己的情绪作斗争。

　　当我进入一个仓位后，我的思维终于找到了焦点。但要小心！如果此时头寸正在亏损，那么我就要与自己的潜意识作斗争，因为它想让这个头寸再持续一会儿。

　　我的表意识设置了止损点，但我的潜意识想让我忽视它。它不想亏钱。

　　也许此刻头寸表现良好，而我的潜意识想让我获利退出，因为它喜欢获得利润的那种满足感。因此，无论我的交易是赢还是输，我都要与我的潜意识作斗争。

　　获胜的关键就在于意识到两种意识的存在。预测对手下一步行动的能力至关重要。潜意识大脑相当简单，它只想避免痛苦。

　　对于潜意识来说，交易中有两种痛苦。一种是盈利消失的痛苦。当它看到盈利时，它希望你平仓，因为这样它就不必面对利润消失的痛苦。另一种是亏损的痛苦。当潜意识看到亏损时，它想让你持仓久一些，再久一些。不然，它将不得不面对承担亏损的痛苦。但只要头寸还没平仓，就永远有希望。

　　简而言之，10%的赢家和90%的输家之间的差异就在于他们听从哪个大脑的指令，我花了多年时间才意识到这一点。我为自己的大脑开发了一个系统、一个训练计划，让我能够抵御情绪化潜意识对我交易决策的影响。

　　在之前提到的"全天候交易者"活动中，有一位嘉宾问我，我是否害怕市场会在我做空的时候反弹。

　　你认为到底是谁在问这个问题？是他被恐惧心理控制的那部分思维。当然，市场很可能会反转。如果我说从未发生过这种情况，那就是在撒谎。做空10次，差不多会有5次出现这种情况。所以，真正要问的问题是：

　　什么会让你更痛苦？

1. 你做空，市场反弹。

2. 你什么都不做，市场反弹。

3. 你做空，市场下跌。

4. 你什么都不做，市场下跌。

选项1：做空，市场反弹

我做空，可恶的市场朝着对我不利的方向移动了。这很烦人，但止损点会帮我平仓。我至少可以说我遵循了我的计划。

选项2：不做空，市场反弹

我什么都不做，市场上涨。虽然我可能会高兴，但我训练了我的大脑不去遵循计划，我甚至还因此受到了奖励。

我因为没有做空而获得了奖励，如果做空，我就会亏钱。我的大脑现在正在庆贺我拥有出色的图表阅读能力，但却是出于错误的原因。

选项3：做空，市场下跌

我按照计划做空，市场继续下跌。我没有只是高兴地拍拍小手，我还要积极地给盈利交易加仓。我正在做所有我应该做的事。

选项4：不做空，市场下跌

我决定不按照计划做空，市场急剧下跌。我本可以把第一笔交易中亏损的钱全部赚回来，但我没有。

我不知道你的想法，但我可以告诉你我的感受。如果我没有按照做空计划行事而错过了机会，这会给我带来更多的心理痛苦。而当我按照计划行事时，我的心理痛苦要少得多。

什么是"太多"

在做空交易的问题之后，我听到的另一个问题是："你不担心市场已经上涨/

下跌太多了吗？你不认为你已经错过了机会吗？"

问这个问题的人很可能就是那些因为德国DAX指数已经在当天上涨了1%就选择不买入的人。

这就是超市类比的重演。我们寻找打折商品，避免购买那些价格已经上涨的商品。

这是一种心理错觉。你不能只因为德国DAX指数当天上涨了1%就说它太贵了。我们不想买价格正在上涨的东西，我们宁愿等到价格再次下跌后再买入，因为那时候它更便宜。

同样地，我们也不想做空已经下跌的东西。我们想等它再次上涨，在更高（更贵）时再做空，因为这会给我们带来更好的利润。

原则上，我不反对这些说法，但这里有一个问题：每个人都会想这么做，而大多数人很可能是错的。更正一下：他们不是**很可能是**错的，他们**就是**错的。当然，他们有60%的时候是对的，但当他们错了时，他们是真的大错特错。你怎么知道顶部或底部在哪儿？我见过很多交易系统，但在预测顶部和底部的正确率方面，没有一个是可靠的。

这就是为什么我说你应该在强势时做多，在弱势时做空。高价买入，再以更高价卖出；低价做空，再以更低价平仓。我会错过绝对拐点吗？是的，我会。挑选顶部和底部的人很快就会变成挑棉花的工人。

当我为利润的消失而烦恼时，我就会想起一个美国超级交易员的故事，他以在压力下做正确的事而名声在外。他的名字叫保罗·都铎·琼斯（Paul Tudor Jones）。有一次，他在观察市场走势，由于整个上午市场都在上涨，他也一直在稳定地买入。他做多了几百份合约，账面显示出不错的利润。突然，市场毫无征兆地急剧下跌。他毫不犹豫地清仓了所有的多头仓位，随着市场的继续下跌，他开始做空市场。他的一位同事不知道他已开始做空，评论说这是买入的好机会。

"你疯了吗？"保罗说。

"你什么意思?"同事说。

"你一定是疯了。市场15分钟跌了100点,你还想买进?"

"那你会怎么做?"

"这么说吧,我肯定不会在这买进。"

"那你会在这卖出吗?"

"当然会!"

"但是它已经下跌那么多了。"

"正是因为这个原因。"

"好吧,那市场必须跌到什么程度,你才会考虑买进呢?"

"只要它还在下跌,我为什么要买进呢?"

"因为太便宜了,绝对划算。现在比15分钟前便宜了100点。"

"忘掉便宜。忘掉昂贵。这只是页面上的数字。"

"但我不明白。如果它持续下跌,你会在哪里考虑买进呢?"

"如果它继续下跌,我会想做空,而不是买入。如果它一直下跌,我会把它卖到零。"

"那如果它开始上涨呢?"

"如果它一直上涨,我会买到永远。"

我非常喜欢这个故事。看过保罗·都铎·琼斯交易,就能感受到他的活力、投入和决心,以及他对所做之事的绝对信念。他不只是说出"做空",他还大声喊出"做空!",跺着脚的同时还挥动着手臂。

我很钦佩他的思维敏捷性,从确信做多转为做空。但很可惜,这是一个很难获得的品质。我认识一些交易了几十年的交易者,他们都无法转换思维,从做多转向做空。

寻找低点

　　寻找股票低点是件代价高昂的事。我们都会犯错，但这个错误会带来多大代价？我非常清楚地记得，在2008年金融危机期间，我看了一档CNBC的节目，名为《疯狂的钱》（Mad Money）。在节目中，吉姆·克莱默（Jim Cramer）收到了一个观众的电子邮件，询问贝尔斯登公司（Bear Stearns）的运营状况。现在我相信，如果克莱默先生有机会回到过去，他肯定会修改他在节目中说的话。他当时基本上就是在屏幕前大喊，说贝尔斯登很好。但几天后，贝尔斯登就消失了，成为历史的尘埃，再也没有出现过。

　　你可能还记得我在2001年首次与客户见面的经历。我给他们不受欢迎的建议，让他们赶快卖掉手中马可尼公司的股票。如果我告诉你历史在2007年重演了，你会相信吗？

　　当我们交易时，我们很容易被超市心态影响。正如我在本书前面提到的那样，当我们进入超市时，我们会被特价商品吸引。当我看着采购完毕的购物篮时，我看到一些我平时根本不会买的东西。当然，我迟早会需要这些东西。我们都需要卫生纸，我们都需要洗碗机清洁片，我们都需要洗手液。它们之所以在我的购物篮里，是因为它们在打折。谁能抵挡得住50%的折扣呢？

　　但是，超市的50%的折扣和金融市场的50%的折扣并不是一回事。在2007年至2009年的金融危机期间，我工作了8年多的城市指数公司的很多客户就直面了这一事实。

　　2006年，一只名为北岩银行（Northern Rock）的股票在多年的低迷之后开始猛涨，短短几个月内涨幅就达50%。在上涨期间，城市指数公司客户对该股票并不感兴趣。然而，在股票开始下跌后，客户的兴趣却来了。就像半价卫生纸对超市购物者产生了吸引力一样，北岩银行也对投资者产生了类似的吸引力。

　　北岩银行成了一只交易活跃的股票。它的股价越往下跌，就越有人对它感兴趣。有一次，我甚至在周六早上的家中就接到电话。此时北岩银行的股价已经从1200便士下跌到了大约500便士。电话那头是个陌生人，他在我技术分析的讲座上拿到了我的名片。他为在星期六早上打扰我而道歉，但他和他的朋友已经决定要投资北岩银行。他们想听听专业人士的意见，从而再次确认这是不是个好主意。

在周六早上7点被一个陌生人叫醒已经够让人恼火的了，更让我感到恼火的是这个问题。此时北岩银行的股价正在自由落体式下跌。我对这位陌生人大概说了以下的话：

"听着，我不知道北岩银行到底发生了什么，但它肯定出了大问题。虽然整个市场也在下跌，但北岩银行要比其他公司下跌得严重得多。我担心的是，可能有些问题我们并不知道，市场也尚未知晓。似乎有些人知道出了严重的问题，他们在还能卖出的时候赶紧抛售。"

我告诉他，5年前在马可尼公司的股票上，我有很多客户也说过他现在正说着的话。即使马可尼公司的股价一跌再跌，客户们还是不断买入，因为他们在抢便宜货。看到我们最有价值的客户遭受损失，仅仅因为他们不愿承认自己在糟糕的股票上站错了边，这真是可怕。

我对他说："从交易者的角度来看，你正在从事一项非常危险的活动。如果你现在购买北岩银行的股票，将很难设定有意义的止损位。你的行为本质上就是在接飞刀，你说话的口气好像北岩银行是世界上唯一值得投资的银行。

"你谈论北岩银行的架势就好像它不会破产一样，就好像它有200年的历史，所以出现转机之前事情不会变得更糟。你甚至还说：北岩银行太大了，不会倒闭。这意味着你在某种程度上已经意识到了其中的危险。"我问他是否记得巴林银行（Barings Bank）。他说他记得。

"我认为购买北岩银行股票不是个好主意的另一个原因是，"我继续说道，"假设你很幸运地见证了北岩银行的转机。在这个过程中，你已经训练了自己的大脑，让它认为购买正在下跌的东西是完全可以接受的。这种做法在超市里是完全可行的。卫生纸有实际用途，肥皂有实际用途，所以当你有机会以50%的折扣购买这些物品时，你应该这样做。但是，相信金融市场提供的折扣与超市是类似的是荒谬的想法。金融市场不是售卖特价商品的超市。"

最终，北岩银行破产了。英国政府不得不出面保障客户的储蓄。尽管如此，还是出现了人们排队取钱的恐慌场面。

正确思考

当你阅读这个故事时，你可能会认为这种情况永远不会发生在你身上。也许你是对的，我不会提出反对意见，但我想问你一个简单的问题。

假设你有两项投资，投资A和投资B。每项投资的初始价值都是10万美元。

投资A表现良好。它涨了50%。

投资B的表现不好。它跌了50%。

现在你需要5万美元的资金。你会怎么做？

1. 卖掉三分之一的A投资来筹集5万美元。

2. 卖掉B投资来筹集5万美元。

最近我在哥本哈根的一次会议上向一群投资者提出了这个问题，绝大多数人选择了选项1。他们会卖掉投资A来筹集5万美元。

你认为人们为什么会这么选？你觉得人们为什么会减少表现良好的投资？

我的理论是，这完全取决于人们对亏损的反应。他们能够承受损失并继续前进吗？还是他们非常不愿意承受损失，所以认为只要还没平仓，它就有希望再次变好呢？

当然，很难说你在这种情况下会作何反应，但我不必依赖虚构的例子来得出答案。如果你还记得我在这章稍早时讲过的那个例子，2.5万名交易者执行的4300

万笔交易,你就会记得那些交易者在亏损的交易上损失更多,而在盈利的交易上获得的利润更少。

从情感角度说,损失显然比盈利难受,不然就不会出现这种异常现象。人会推迟做出那些带来痛苦的决定,这就是为什么我们会让亏损交易继续亏损下去。

我们想要即时满足、延迟痛苦。希望永不破灭,只要亏损的仓位还保留,就还有希望。

控制你的思维,掌控你的未来

我不是一个受虐狂。事实完全相反。如果我倾向沉湎于痛苦,那是因为痛苦在盈利交易的背景下扮演的角色。我试图做的是一项艰巨的努力,我试图解释为什么90%的人在交易方面未能实现他们的希望和梦想。

当许多人一次又一次地犯同样的错误时,这个问题肯定存在一个尚未揭示的更深层的答案。当然,我希望到现在为止,你会对问题的所在有更深刻的理解。

我自己的座右铭是:控制你的思维,掌控你的未来。这需要时刻保持警惕。你必须掌控自己的生活,如果你不能掌控它,你就不是自己生活的主人。你必须为你所做的一切承担全部责任,必须成为你自己王国的主人。你不能半闭着眼睛走过一生,你必须睁大眼睛过完一生。你必须知道你将面临什么,并为此做好准备。你必须掌控你自己的生活。

这是你必须不断确认的思维过程。我们的思维容易偏移。生活中有太多干扰,太多肤浅的噪声,它们没有实质,但我们的大脑仍然会被吸引过去。我们的大脑宁愿浏览社交媒体网站,也不愿安静沉思。

游荡的思维需要通过每天的警惕来控制,无论是通过口头禅、冥想还是其他你认为最适合你的方式。正如一位著名的医生在被问及什么运动最适合我们人类时所说的那样:"就是你在做的那个。"无论是冥想、写日记还是进行其他你选择的练习来调整自己的状态，都可以，只要你去做。

你需要在每天的某个固定时间提醒自己你的目标是什么，以及你是谁。这世界充满了诱惑，它们会扭曲我们健康的自我形象。这些诱惑告诉我们自己不够好，从而让我们远离自己。

但你已经足够好了。

成为一个好的交易者，真的跟工具和图表没什么关系，它更多的关乎如何战胜我们的人性。如果你真的想利用杠杆交易市场，参与高强度的投机活动，你必须学会使你的正常情绪反应机制对恐惧、贪婪和其他令人愉快的人类反应不再敏感。你必须与你的人性作斗争。

第六章
厌 恶

很多年前，当我还只是个毛头小伙时，我有个女朋友。她是我第一个真正的女朋友，而我也是她第一个真正的男朋友。我们都很年轻，我们深爱着彼此。

我女朋友身材有点圆润，我觉得这很迷人。然而，她并不喜欢自己的身材，于是她开始节食。她以前也试过节食，但总是无法坚持减肥计划。后来她恋爱了，她的减肥动力完全上了个档次。这项减肥活动演变得轰轰烈烈，最终让我和她的家人走上了一条痛苦的道路，现在写出来都让我很痛心。

厌食症是一种严重的精神障碍，但是（请原谅我用这个悲惨的故事来解释行为改变），它是一个有趣的动机现象。我们天生就会吃东西。我们在吃上不需要训练。然而不知何故，这种固有的模式会被一种社会动机所取代：不想超重。这种力量和动机，在饮食失调的病人身上是如此强烈，以至于医学和心理治疗都无法撼动它。

这种强大动机的基础是什么？不是反复诵读口号，也不是积极的自我暗示。据我了解，我女朋友的动力是爱，但更重要的是厌恶。她厌恶任何看上去和摸上去肥胖的东西。这种厌恶力量是如此之强，以至于可以破坏她进食的天性。

作为人类，我们被力量驱使着前进。这些力量可能来自于远离某物的欲望，也可能来自于接近某物的欲望。我恰好是一个受远离某物的欲望驱使的人。

我在丹麦的一个富人区长大，上的是一所富人学校。后来我的父母离婚了，我从一个带巨大花园的大房子搬到了一个一居室的公寓，在那里，我父亲睡在客厅的一张折叠沙发床上。

当我还是一个小男孩的时候，我所有的同学都穿着李维斯牛仔裤和拉科斯特衬衫。我没有钱买这些东西，这让我产生了一种自卑感。

我一到了年纪，就开始做课外工作来赚钱。我把钱花在了什么地方呢？你猜对了。名牌衣服。

我也成了个金钱囤积者，如果你愿意，可以称我为储蓄者。我非常自豪地把我的工资支票存入银行，看着我的账户余额增加。我远离了贫困。

在我的信仰体系和我的经验中，想要远离某物是一个比想要接近某物更强大的推动力量，但我承认这是一个个人喜好。你可以使用一个简单的场景来测试自己的偏好，什么会更让你想减肥：你的完美体型的照片还是你肥胖的照片？

我问了我的朋友们，所有人都同意肥胖的照片比完美的照片更让人有动力，尽管有些人评论说他们可能两个照片都想要。这也无可挑剔。

我认为厌恶是一种比快乐或幸福更强烈的情绪。我们每天都有理由感到开心，但我们往往会忘记这一点。然而，厌恶不是我们容易忘记的事情。你不会忘记你误喝的变质牛奶，也不会忘记你那个口气特别难闻、差点让你呕吐的客户。

艾德·斯科塔曾经说过，每个人都能从市场上得到他们想要的东西。当我读到这句话的时候，我不以为然。我想盈利，但我并没有在盈利，所以我显然没有得到我想要的，事情就是这样。

他的话让我很恼火。"永远都不能在交易里获利"这个想法深深困扰着我。我花了太多时间学习、研究、测试、制订计划、计算比率，我真的不知道我还能做什么。

如果你观察生活，你很可能会找到由厌恶引起的戏剧性变化的例子。让一个人最终致力于达成某个目标的是他的厌恶程度。长时间以来，我对自己的交易感到厌恶。它的模式总是一样的：

第六章　厌恶

1. 像行家一般交易。

2. 变得过于自信。

3. 爆仓。

我实在受够了。积极的意愿、贴在我的交易显示屏上的写了口号的便条和自助练习，都赶不上自我厌恶的激励效果。

如果厌恶可以让人不再进食，如果厌恶可以让酗酒者戒酒，那么厌恶也可以把你变成一个为自己感到自豪的交易者。

如果我让你感到震惊，我很抱歉。为确保出色的交易行为模式，我会采取极端行为，那些了解我的人可能会被吓到。

我不想再回到我早期交易时的那种过山车经历了。那些亏掉的钱让我感到非常厌恶，这太尴尬了。

一旦我们真的厌恶一种模式，我们就很容易改变它。你会继续和一个辜负了你的信任并偷了你钱的人做生意吗？不，你会对这样一个不诚实的人感到厌恶，你会和他们断绝一切联系。那么，当你自己的模式违反了你和自己的契约，并导致你持续亏损时，你就成了那个人。一旦你对自己的模式感到厌恶，你就能完全避开它。

一个交易者一直亏损是因为他不想改变。改变是艰苦的工作。当交易日结束后，我会在图表上标注我的交易，分别标记出入场点和退出点。这真太可怕了，就像一遍又一遍地证明自己有罪。我对自己的鲁莽感到厌恶。

我不得不面对这样一个事实：我实际上是一个糟糕的交易者。我就像一个能背诵"技术分析大师"考试所有技术分析大纲的人，但我却不能阻止自己：

1. 因为无聊而过度交易。

2. 因为愤怒和报复心理过度交易。

3. 没有耐心的交易——过早入场。

4. 违背趋势的交易——试图抓住当天的最低点。

5. 带着恐惧交易——因为害怕利润消失而过早平仓。
6. 不断地在更低的价格加仓——也就是在亏损交易中加仓。

酒　精

当你是一个成功的交易者时，你会赚很多钱。我的朋友兼交易者导师拉里·派斯温托给我灌输了传承的热情。拉里本人是一个鼓舞人心的交易者，他帮助别人的热情同样令人钦佩。

我为一个帮助有酗酒问题的人的项目提供支持。我给那些诚心想要戒酒的人提供一本帮助我真正理解成瘾陷阱本质的书，以此来帮助他们。

在一段痛苦的分手后，我开始酗酒。我喝酒是为了忘记。我曾深陷爱河，像个傻瓜一样。而她离开了我，我就开始喝酒。问题在于我似乎无法让自己停止喝酒，这种情况持续了好几个月。我没法停止酗酒，因此我寻求了帮助。我清楚地记得，在一次匿名戒酒会上，我站起来说，"我叫汤姆·霍加德。我是个酒鬼"。

那很可怕，但同时也很让人解脱。我感觉自己像一个骗子，我觉得我的生活充满矛盾。表面上，我很成功。我有两辆车，一辆是豪华SUV，另一辆是奥迪R8。我住在城里一个好地方，可以俯瞰大海。我有什么不开心的？可是，我无法控制自己，也没法停止酗酒。

站在匿名戒酒会上就像在全世界面前脱光衣服一样。人们看到你的大屁股、下垂的胸部、堆积的脂肪、疤痕、斑点、粉刺、水肿以及任何你能想象到的身体缺陷。那是你完全不想要的一切，而你却在所有人面前展示这些。

但在练习结束时，你会意识到真相。你让自己崩溃，这样你才能生存，这样你才能重生，成为你真正想成为的人。一个全新的开始。扔掉所有的虚荣心。崭新的画布。而我在这新的起点。这就是我。

墙壁已经准备就绪，装饰的风格任你选择。精英士兵的训练方式也是如此。

他们被逼到自己崩溃的极限，然后又再次整合重组，这次他们会变得更强大、更聪明，无论面对怎样的任务，他们对自己的力量、能力和完成工作的决心有着不可动摇的信念。

有着正常思维的人都不喜欢这样暴露自己，因为我们会变得具有防御性，并为自己辩护。我们的自我正在被质疑。你把它叫作自我也好，称之为身份也罢，都随你，但没有人喜欢自己受到质疑。与其停下脚步来评估情况、转身掉头，不如继续走已知的路线更容易、更少痛苦。

当你选择沿着已知的道路继续前进时，只有一点点微弱的痛苦，你可以靠提醒自己并不孤独来抚慰你内心的痛苦。人多力量大，即使大家都错了。但是很快，你就会对自己缺乏进展感到厌恶，对自己无力阻止让你困扰的行为感到厌恶。

参加匿名戒酒会对我来说是人生谷底。我评估了自己，我对自己坦诚了。那痛苦是如此无情，因为一切都是新的，我感到赤裸、暴露，而且非常孤独。

然而，这就是力量！坦诚是有力量的。站起来对世界和自己说："这就是我，而我不喜欢这样！事实上我讨厌它，我对此感到尴尬，但这就是我。这是一块全新的画布，这是一个新的开始。就像一场森林大火，它清除了残骸，新的生长即将开始。"

我已经6年没碰过酒了，我知道我永远不会再碰它。最终帮助我戒酒的不是匿名戒酒会，而是健康生活倡导者杰森·威尔（Jason Vale）。我从未见过这个人，但我想感谢他让我的生活走上了正轨。我相信，没有人比我买了更多他关于酒精依赖的书。我把它们送给了世界各地的人。杰森比任何人都更好地描写了酒精的陷阱。阅读他的书帮我在完全不同的层面上理解了上瘾的本质，我发现从第一天开始戒酒是很容易的！

你可能会问：这和交易有什么关系？问得很好。答案很简单：如果你有一些交易经验，但结果并不如你所愿，你可以做出选择。你可以继续下去，认为事情会有所改变。不过我会告诉你，它们不会改变，虽然你可能不会听我的。

或者你可以听取我的建议。毕竟，你已经阅读到了本书的这一部分，也许还有改进的空间。你可以脱掉伪装让自己裸露（打个比方），对自己坦诚。你可以停下交易，开始审视、复盘。你可以开始了解，是什么让你在交易里无法赚钱。

把自己打散拆开，梳理过程，带着我在交易心理方面的指导，重新整理好自己，建立一个小账户，用全新的心态和方法开始。

第七章
游荡的思维

我们大脑思维的工作方式令人着迷。大脑可以是我们最好的朋友，也可以是我们最坏的敌人。当我在公共场合演讲时，我将自己的人生箴言写在几乎每一页幻灯片上：

  控制你的思维，掌控你的未来。

你必须想要做你所做的事。你可以过你灵魂认为是真实的生活，也可以过你认为人们希望你过的生活。你可以做真实的自己，掌控自己的生活，为自己所做的一切负责。如果你不能为自己的人生负责，你就不是自己的主人。你必须为你所做的一切承担全部责任。

为什么要以别的方式生活？为什么要唯唯诺诺？你必须成为自己王国的主人。但是要做好准备，你将被迫做出许多艰难的决定，如果你的决心稍微有所动摇，就不能指望你的大脑支持你。

你不能睁一只眼闭一只眼走完一生，你必须知道你要去哪里，你必须掌控自己的生活。如果可以依靠朋友和家人，那当然很好，但是当你开始你自己的人生旅程时，你只能靠自己。这是你的责任。

这个旅程的一部分，包括你的交易之旅，是去发现你的弱点。你要知道你的思维在哪些方面让你失望。对世界上绝大多数人来说，这包括他们思维不停游荡的倾向。

你看，我们都知道要做什么。我们所有人都拥有知识去做那些必须做的事，但如何把知识转化为行动，却在生活的很多方面让很多人百思不得其解。

你的思维会游荡，这很不幸，但却是完全自然的。解决方案非常简单，且力量强大。你必须不断重申你的目标。无论在早上刷牙的时候冥想还是自言自语，你都需要在一天中的某个时段记住你的目标。你必须要有一个时刻提醒自己想去哪里，想做什么。

我不能保证自己总是有能力做出符合自己最佳利益的事。我的大脑需要不断的指引和导航。我不知道这是为什么，但确实就是这样。我怀疑这个星球上的大多数人和我一样，他们只是还没有意识到这一点，所以他们在生活中随波逐流，而不是掌握主动权。这并不是说他们不能在经济上取得成功，但是如果既在经济上又在精神上得到双重满足，这不是更好吗？毕竟，除了睡觉，你的工作是你做得最多的事情。

我是一名职业交易员。我不能在没有100%心理准备的情况下就开始交易。与其他职业不同，我的职业是一种心理游戏。如果我想赢，我必须专注于此刻最重要的事。所以艾德·斯科塔是对的，这让我很懊恼。我确实得到了我应得的，因为我只擅长游戏的一部分，技术部分。

虽然我不喜欢这个比喻，但擅长交易技术就像擅长组装狙击步枪一样。当你进入战斗，却不知道如何控制自己时，那又有什么用呢？

我主动掌控自己的内心世界，我必须给自己足够的信心，以确信自己每天在市场上都有足够的实力去获得成功。

为了让这个挑战更加真实，我把我的交易公开展示给全世界。我从未有意识地想过我为什么要这么做，直到最近有人问我。我意识到我这样做是为了让自己负起责任，保持专注。

我曾经一度迷失自我。我告诉你这些，不是为了鼓励你也迷失自我，也不是要唤起你的同情，或讲述一个白手起家的故事，我想让你明白，暴露自己的弱点是一件好事。

你的大脑是一个工具。如果你被它骗到，认为一切都很好，你就无法在交易或者生活中获得你想要的成功。

亏损和失败可能会打击你的自尊心，但它是推动成长的燃料。听上去好像我在写一本关于拖延症的自助手册，或一本畅销的励志书。但我正在描述的是坦诚。当你对自己坦诚，无论是独处，还是在面对40个酗酒者的讲台上，抑或任何其他场合，你都已迈出了99%的人从未想过要迈出的一步。你已经开始了获胜之旅。

也就是说，这个旅程从获取技术知识开始，并随着技术和心理训练的不断进步而无限延续下去。

技术训练是我日常工作的一部分，但我的心理层面需要更多专注与投入，否则它就会隐身于外部世界的噪声中。我需要专门的时间来锻炼我的大脑。

我想给你看一张我在交易日开始前使用的热身图片。它给我所需的视觉证据，让我能够采取实现我的目标所需要的行动。

这个例子虽然发生在一段时间以前，但如果我没有做好心理准备，它可能出现在一周中的任何一天。图7.1展现了这次交易的全部细节。

我在开盘后的双顶处做空。我非常确定我的判断是正确的，市场一定会下跌。

我的第一个空头头寸没有什么问题。但接下来的4个空头头寸就有问题了。我甚至可以原谅自己最后一个做空仓位，因为至少我在弱势时做空。这是一次无组织、无纪律的交易。我不在乎我有多么确定某件事的发生，如果它没有发生，就不要像发生了一样去追求它。给你展示这种失败案例真是太尴尬了！

这是我准备工作的一部分，它一直是建立心理耐力和纪律性最有用的工具。它提醒我自己身上的所有弱点。它提醒我，如果不加控制和训练，我的大脑会疯狂地寻求刺激和满足。

提高利润的最好方法之一是使用目标设定和观想练习来将表意识和潜意识与

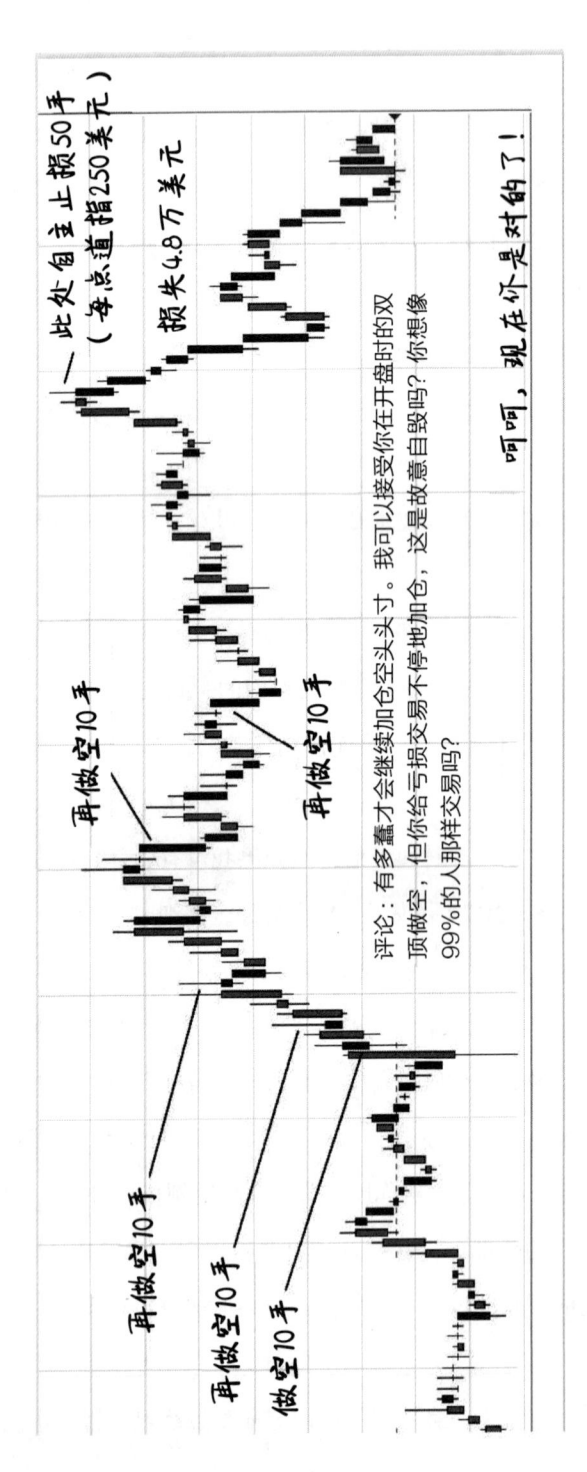

图7.1 交易示例

第七章　游荡的思维

盈利联系起来。我用恐惧来实现我的目标，我在脑海里想象一个即使只存在于想象中也仍然让我不舒服的交易。

我静静地坐在我的床上或办公室里。世界很安静，如果周围不安静，我就在耳朵里塞一副耳塞。我想象我在交易，而市场移动方向对我不利。我看到自己平仓止损。

我想象我买了XYZ，看到它朝我期望的方向波动。我感受到大脑向我发送信号，要求我平仓，兑现利润。我看到自己没有采取行动，继续观察盈利增加和减少。我看到巨额利润变成了微薄利润，我微笑着接受它，然后继续，告诉自己没关系。我用想象的场景给大脑施加尽可能多的压力。我做多，而市场也按照我期望的方向发展，然后一个突发新闻打乱了市场。当我的盈亏数字变得惨不忍睹时，我看到我的恐惧直上云霄。我看到自己平仓，开始反向交易。我看见自己不会因为市场朝着相反的方向波动而失去冷静。

我不能保证这种方法对每个人都有效。也许你认为它很棒，或者在做了一些个性化调整后至少有点用。对我来说，它很有效，因为我是通过视觉来学习的。当我看到它时，我就明白了。如果你告诉我不要逆势交易，这对我来说就跟听到猫喵喵叫一样。但是，如果你给我看一张标注了交易明细的图表，上面显示出我逆势交易的情况（最好是给我多看几次），我就会领会到信息。

这就是我的疗法，就像每天早上看心理医生一样，它可以激励我，它拓展了我的思维和视野，目标是提醒我自己想采取什么样的行为。它帮助我做出改变并保持这些改变。

那么，是什么让我认为这对你也有用呢？行为是有模式的。我们如何思考、感受和行动，这些都有一个模式，这个模式定义了我们是谁。我们模式的总和就是我们的个性。我们的行为模式有时会影响我们的人生目标和梦想。它们会阻止我们成为我们想成为的人，或阻止我们实现我们想实现的目标。有时候，我们是自己最大的敌人，在事情的关键一刻，我们似乎无法阻止自己。

一个人可能非常清楚自己有愤怒管理问题，但却无法阻止自己发怒。另一个人可能有暴食的问题，但却无法在进食时保持所需的节制。一个交易者整天都在违背趋势交易，他的账户也遭受损失，然而他却无法停止自己的行为。他就是没办法根据趋势的方向改变自己的仓位和交易，只是事后非常厌恶自己。

我热身的目的不是要一蹴而就地摆脱生活中所有的不良因素，也不是保证我不会出错。我的目的是专注于我想要达到的目标或想成为的人，同时留意那些一定会破坏我目标的事情。

奇妙的是，如果我避免失败，我几乎肯定会成功。如果我能戒掉我喝的所有可口可乐，我的减肥目标肯定会成功。只要注意到这一点，我的体重就能开始下降，我不需要做任何其他的事。我不需要确定我的交易一定会成功，我只需要意识到我的大脑想要做一些有损我最佳利益的事情。这样一来，我就不会给我亏损的交易加仓。这本身就意味着我只需要留意一个我能控制的变量。

我早上的准备行动是为了改变对我无益的模式。这始于观察另一位非常成功的交易员，并问我自己是什么阻碍我成为他。

我的技术能力和他一样好。我不认为他的经济状况比我好多少，但他似乎无所畏惧。我要怎样才能在交易中变得无所畏惧？我真的想成为无所畏惧的交易员吗？

我得出的结论是：我想成为有耐心、在时机成熟时激进大胆的交易者。就像罗杰·费德勒（Roger Federer）在2007年温布尔登决赛中的表现一样：他一直耐心地等待，直到合适的时机出现，然后专注地进攻。

从那以后，我要做的就是每天提醒自己这个目标，如果必要的话，一天提醒自己好几次。习惯就是这样养成的：重复。

随着我对生活的了解越来越深入，我意识到约翰·列侬（John Lennon）的话有很多道理："在你忙于制订其他计划时，生活已悄然前行。"我们变得如此忙碌于我们的日常生活，承担着工作和家庭的责任，以至于我们无法以全局视角看待人生。

日复一日，年复一年，我们忙于工作和日常事务，到了晚年才意识到机遇已与我们擦肩而过。因此，在改变过程中要解决的第一个问题是："你想改变什么？"或者，换句话说："你希望你的生活有什么不同？"

我的回答？我想花时间做好交易，战胜那些阻碍我成功交易的天性。我想每天早上通过一系列的冥想和视觉练习来让我的大脑做好准备。

为了实现这一点，我通过想象自己身处困境来训练我头脑冷静地行动。我会专注于呼吸，并冷静地将自己置于有压力的情境中，以确保如果真的遇到这样的情况，我能够做出我想要的反应。

做出改变不仅仅在于进行积极的思考或者在头脑中描绘积极的形象。我想的不是积极的形象，我想的是如果我不做出改变的话，我将陷入多么可怕的地狱景象。这看起来像是一种消极的状态，但事实并非如此。这是非常积极的状态，它能帮你得到你想要的东西，尽管这个方式会让你有些紧张。

俗话说得好："为达目的不择手段。"我已经彻底颠覆了传统思维。我这样做是因为我知道什么能让我更有动力。玫瑰花并不能促使我行动，荆棘才能激励我采取行动。

想想市场本身。它的行为与我们并无太大不同（因为我们就是市场）。它爬上了忧虑之墙，却滑下了希望之坡。这可能是华尔街的一句谚语，但它说的更多的是人，而不是市场。我所做的只是把恐惧和厌恶作为我的主角——我的主要动力。

重新回到游戏

1996年，我在法国比亚里茨郊外的一个小镇上冲浪。我完全不懂情况，那里的浪比我以前碰到过的都大。我试着挑战几次，但浪太快了，而且浪峰太陡峭了。

最后，我终于为一个浪调整好了方向和姿势，但是我离冲击区太远了，没有滑入浪里，反而被海浪打得晕头转向，只记得一切都变黑了。幸运的是，有人发现了我，把我从水里拉了出来。还剩八条命。

那天下午我又回到了水里。我太愚蠢和无知，完全不顾虑之前发生的事。无知是福，直到现在我才能欣赏我那时的行为。是的，你受了一击，但你没事。你是想坐在沙滩上闷闷不乐一整天还是想回到游戏中？

下面有一个例子，能说明回到游戏中的重要性。

写到这里的前一天，我正好经历了一个极具挑战性和波动性的交易日。那是个会在我脑海中留下深刻印象的日子，我很快就会说明原因。

在过去的一周里，石油价格决定了股票指数的情绪。自然而然地，我期望在周五也能发生同样的事。道琼斯指数开盘时上涨了200点。

然而，交易开始30分钟后，它似乎失去了动力。另一边，石油正处于全面恐慌之中。我开始做空道琼斯指数，期望它跟随石油的脚步。

在图7.2中，道琼斯指数在左边，石油在右边。两边都是五分钟图表，都显示了从中午到晚上的整个交易时段的走势。

我预计道琼斯指数会跟随油价下跌，事实也确实如此，但没持续太久。它似乎停顿了一下，好像突然有了自己的思想。到下午3点左右，油价在一个多小时内下跌了近2美元，跌幅超过5%。然而，道琼斯指数并没有随之走低。它保持住了。我平掉了对道琼斯指数的做空仓位，承受了损失，然后开始做多。

我刚一做多，道琼斯指数就下跌了50点，油价则跌得更低了。我开始怀疑我是否太快扭转了我的仓位，我决定结束我的做多仓位。到现在为止，我确信道琼斯指数只是推迟了其不可避免的下跌。我又开始做空。事后看来，那几乎是当天最低点（开盘后）。

仅仅15分钟后，道琼斯指数就创造了当天的新高。我平掉了做空仓位，开始

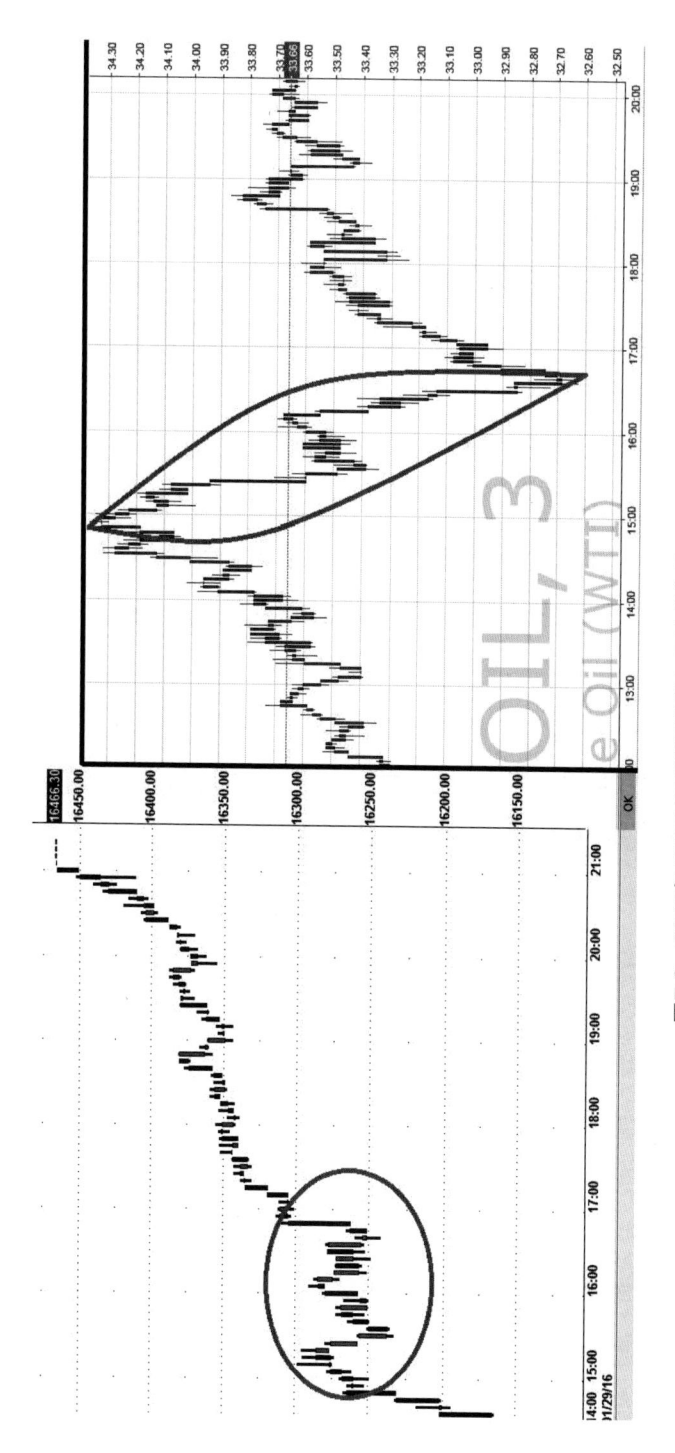

图7.2 2016年1月29日道琼斯指数与石油价格的五分钟图表

了思考。我在第一个低点做空，在第二个高点平仓。我在第二个高点做多，在第二个低点平仓。我在第二个低点做空，在当天的新高时止损退出。

我花了一点时间思考。我是在有计划地交易吗？我是不是在赌石油和道琼斯指数之间的关系，而这种关系可能已经不存在了？

就在这时，我最好的交易者朋友打来电话，我们简短地交谈了一下。我对他说："即使石油价格暴跌，但道琼斯指数在周五晚上还是创出新高，这意味着什么？"

大声说出发生的事情帮助我理解了一些状况。这是一个月的最后一个交易日，这通常会带来市场上的激进买入或卖出。请记住这还是个星期五，有可能出现趋势日。我开始买入，虽然不太情愿。市场走得更高了，我又买入了一些，小心翼翼地在市场上涨时把止损点上移。我密切关注着石油价格的变化，它恢复得很好。

还剩60分钟就收盘了（而我还没有吃晚餐），道琼斯指数创下了当天的新高，而我从自己的统计数据中得知，我不应该在最后一小时创下新高的市场做空。那时，我开始给我的仓位加仓。我现在在赌一个经典的趋势日收盘。在经典的趋势日里，市场会在当天的高点收盘。

在市场上进行了3次失败的尝试后，人很容易放弃。这就好比在掷硬币游戏中，因为连续3次掷出了同样的一面而停止游戏一样。

我听说有人因为连续3次亏损就停止了交易。如果你了解市场，就知道这是个错误的做法。如果你生病了，或者因为某种情境而情绪低落，那你应该停止交易。但如果你还有能力，就不要仅仅因为连输3次而停止交易。

当我打下这些字的时候，我回顾了周五之前的交易，那个星期我每隔一天就输一次。而且虽然很少见，但是那时我已经连续输了4天了。我都不记得最后一次亏损是什么时候了。

在电影《场内交易员》中，交易员格雷格·德·里巴用他自己的方式非常完美地表达了这一点：

我发誓，99%的人都没搞明白。当他们赢钱时，他们却开始减仓。要加仓啊！我的意思是，如果一个投注能让你赚10万美元，就让它继续下去。如果你连续掷出3个6，就继续下去。让盈利交易继续。

格雷格·德·里巴知道他在做什么，据说他是有史以来最好的标普500期货场内交易者之一。为什么人们在赢的时候减仓，却在输的时候加仓呢？

因为恐惧。

第八章

度过低谷期

我有一个朋友因为损失惨重而想自杀。他打电话给我说他正站在一座铁路桥上。我不认为他真的想结束自己的生命,我想他需要有人来倾诉。

有人会说,这样的内容不适合出现在交易书中。我认为,那些经历了巨额亏损的人会觉得这是种安慰,因为本书并不只关注成功的一面。

不管怎样,虽然我在交易生涯中有很多积极的回忆,但我也有一些只能用"黑暗"来形容的回忆。

我曾有一个朋友叫亚当。现在我已经不知道他的下落了。他欠我2万英镑,也许我永远也拿不回这笔钱了。亚当是一个出色的交易者,绝对的高手,直到他的世界崩塌。

亚当和他的兄弟在他们父亲事业兴旺的工厂里工作。20世纪90年代,亚当开始对交易感兴趣。在接下来的几年里,他开发出了一种使用30分钟图表交易股票指数的系统。他告诉我,部分灵感来自乔治·泰勒(George Taylor)的书《泰勒交易技术》(*The Taylor Trading Technique*)。

这是一个简单但非常有效的策略。它要求亚当每30分钟检查一次图表,如果参数正确,他就执行交易。不然,就把它放在一边,等下一个30分钟周期结束,再次检查图表。

亚当成了30分钟图表交易的高手,他很快就赚了比管理他父亲工厂更多的钱。他决定把自己工厂的股份卖给兄弟，把全部精力放在交易上。亚当做得很好，非常好。

我曾在线上与亚当一起交易了很多次。他拥有超乎寻常的耐心。我从来没有见过一个人从美国股市开盘盯着屏幕到股市收盘，却一次都不交易。然而只要没有入场信号，这就是亚当的正常状态。

惊人的耐心。

我相信亚当的耐心和阅读形态的能力让他成了超级交易员。他也过着超级交易员的生活。他订购了一栋定制的房子，他和他的爱妻与孩子们坐头等舱去异国度假。

然而，所有超级交易员在某个时候都会遇到困难。问题不在于它是否会发生——因为它肯定会发生——问题在于，当它不可避免地发生时，它会对他们造成多大的影响。

对亚当来说，这让他失去了一切，他的交易账户、他的妻子和房子。当亚当无家可归、流落在曼彻斯特街头，身无分文并且情绪低落到自杀边缘的时候，我出手相助了。我做了我能做的，但亚当不想要我的帮助，我和他失去了联系。

一切始于一次惨痛的损失，并逐渐恶化为完全的崩溃。亚当在周五晚上看到了一个形态，于是他在市场上做空到了极限。收盘时，他赚了很多钱，并决定在周末继续持有仓位。

对亚当来说不幸的是，那个周末发生了一件大事，美国市场开盘涨停（Limit Up）！

涨停是指市场在纽约时间上午9:30开盘之前，无法再上涨更多的情况。亚当当时是做空，但他无法平仓，因为当市场涨停时，你不能买入，而这正是平仓所需的操作。

当电话打来时，亚当已经醒了。是他的期货券商打来的。亚当被告知他的选择：在账户上存更多的钱，否则他将面临被平仓的风险。然而亚当没有任何可用的资本。这是一个漫长的夜晚和漫长的一天，直到市场终于在凌晨2点30分开盘（亚当住在英国）。

市场开盘，股票飙升。由于违反了保证金要求，券商平掉了他的仓位。亚当账户上的金额曾经接近75万英镑。但现在账户上只有40万英镑。

你可能会说，40万英镑也是一笔不错的交易资金，但他脑子短路了。他看到当天市场暴涨，他看到自己的仓位被迫平仓。不幸的是，他也看到了市场如何一路落回到他的入场点。

你看，一旦好消息被市场消化，人们就会觉得这可能也并不算什么好消息。道琼斯指数全数回落，当天的所有涨幅全跌了回来。

亚当觉得券商欺骗了他，他觉得自己好像被迫平仓了，他觉得券商的行动过于仓促。他试图投诉，但他的要求被拒绝了。

然后他试图通过交易来弥补损失的钱。但他的思维不太对劲，他开始怀疑自己的系统，并加倍交易。接着他的建筑商要他支付房款。亚当已经付了订金，但他现在无法支付全部房款和最后付款。他失去了订金和房子。

亚当无法阻止自己的溃败，他的家人也一样。他开始为了自己的利益撒谎和隐瞒信息。我最后一次听到亚当的消息是他骗走了我一大笔钱，然后就消失了。从那以后我再也没见过他。

可悲的是，这不是个案。我在伦敦工作时有次不得不缩短出差时间，因为我的老板把我叫回了办公室。我们的接待处有一个客户哭得死去活来，因为他在外汇交易中损失了75万英镑。他不敢回家告诉妻子这件事，他恳求我的老板借钱给他，这样他就可以再次交易，希望能赚回这笔钱。

你可能认为这个人交易时缺乏道德上的坚韧性，你甚至会因为他低自尊而看不起他。如果我告诉你，他是伦敦一家知名私人诊所的著名外科医生，你会怎么想？

在这个行业里，学历并不是很重要。你毕业于哪所学校、你的日常工作是什么都不重要。如果你不知道如何处理亏损交易和盈利交易，你在这个领域就不会走得太远。

正是因为这个原因，我告诉人们少花点时间在技术分析上，多花点时间在自我分析上。

成功的交易可能意味着只是过上好日子。我收到了一位亲密朋友的消息。他做全职交易，已经做了15年，与其他"种子选手"不同，他真的成功了。这些年来，他过得很好。

我认识的喜欢谈论交易收入的交易者不多。当我和我的朋友谈起这件事时，他告诉我，他的收入大约和在城里拥有高薪管理工作的人差不多。但是，他不需要通勤，而且当他的孩子们放学回家时，他有时间陪在他们身边。

对我来说，我的朋友是一个让交易为他工作的典范。他没有在这个过程中变得富有，但他能支付账单，为家人提供食物，带他们去度假，并买了一辆漂亮的家用汽车。

交易似乎总是容易被描述成获取巨额财富的手段。是的，这种可能性永远存在，但是回报越大，风险也越大。浅水里是抓不到大鱼的。

然而，我的朋友对长时间的工作感到疲倦，他打电话跟我聊这个问题，他问我是否对没完没了地盯着屏幕而感到厌倦。

我立即回答道："没有，如果你有这种感觉，你必须停止交易，休息一段时间。"那天晚上我们在电话里聊了一会儿。

他告诉我，现在孩子们长大了，他们更想和朋友出去玩，而不是和他们的老爸待在一起。他的妻子也全职工作，这意味着他经常独自一人在家，从清晨一直到傍晚，这困扰着他。

我帮他拿到了几个工作面试。因为他对市场有深入的了解，以及足够理解客户在交易中遇到的问题，他成功地在伦敦找到了一份券商经纪人的工作。

我敢肯定你会认为这是个相当平淡无奇的故事。那为什么我要给你讲我朋友的故事呢？我给你讲这个故事有几个原因。

第一个原因是，交易也许是一个非常孤独的行业。这从来没有困扰过我，但我对那些在交易时感到孤独的人深表同情。我不善交际，不抽烟不喝酒，无法耐心看完一场足球比赛（这把我排除在很多男性社交活动之外），更喜欢独处。但即使这样，我也喜欢时不时拿起电话，和朋友闲聊。

当我在金融城工作时，我有时会把头探进老板的办公室，他总是有一分钟的时间和我打招呼，聊聊生活。如果有一天你决定全职交易，你可能会感到有点难过，因为你不能再和同事聊天了。

我建议你在向老板递交辞呈、开始全职网上交易工作之前，先休一两周假，尝试一下全职交易。这会让你对你的一天有个初步的了解。

我给你讲这个故事的第二个原因是为了让你意识到，暂停交易并不是交易的结束。市场会永远在那儿。

毫无疑问，我的朋友有一天会重去全职交易。但在那之前，他会享受新的生活，帮助别人得到他们想从交易中得到的东西。

我给你讲这个故事的第三个原因是因为我希望看到你成功，但是我认为更重要的是你要明白，交易可能不会给你带来你所期望的彩虹。但它一定要带来彩虹吗？

它能给你提供一份不错的收入，让你按照自己的方式工作，或者让你做一些你觉得非常有趣的事情，这难道不够吗？它必须让你在巴巴多斯拥有一处海滨房产吗？

当然，如果你达到那个水平，我为你感到高兴，你也应该为自己感到骄傲。然而，如果你没有达到那个水平，但你仍然能靠交易支付你的账单，为生活中的甜蜜事物存钱，就好像每个月领薪水的工薪族那样，那么对我来说，你已经做到了99%的人不敢做的事情。

他们不敢为自己的梦想冒险。如果你能以此谋生，无论你过的是体面的生活还是伟大的生活，你真的是与众不同的。

相信我，一旦你更好地理解了交易，你也会理解是什么让你在交易领域表现优秀，那时作为一名交易者就真的有趣了。

8个月前，我经历了一段艰难时期。这件事发生在五月份。一开始我表现不错，但接着问题就来了。当月我赚了大约20万英镑，但情况开始恶化。

首先我亏了3.3万英镑。通常情况下，当我遇到糟糕的交易日后，第二天我就能迅速反弹，但这次没有。第二天我又亏了9000英镑。然后周末到了——终于有片刻休息了。

尽管我在周末做了充分的准备和反思，周一还是延续了上周五的糟糕状态。我又亏了3.8万英镑。在这周结束之前，我已经损失了当月50%多的盈利。

更令人不安的是，我感到完全迷失了。我不知道为什么亏钱。我不累，睡得也很好，我没有情绪问题来分散我的注意力，但我就是无法发挥正常水平。

我以前也经历过困难时期，有时进展也很缓慢。挫折经常发生，挫折总是潜伏在身边。我的目标是坚持下去，直到我不想把我所有清醒的精力都花在市场上。

也许你能猜到，这对我来说是一次深刻的个人旅程。这旅程通常会消耗大量心力，我感觉自己没有取得任何进展。对我来说更糟糕的是，我的一个非常好的朋友，也是一个交易者，也许是世界上最优秀的个人交易员之一，他正处于顺风顺水的时期。

我们一直对彼此非常坦诚，我认为这就是我们友谊的力量所在。我直截了当地告诉他："我嫉妒你。我很抱歉我嫉妒你，因为你是我最好的朋友，我会给你我最后的一块钱，但现在我一无所获。我在大量亏损。"

我告诉他我持有巨大的仓位。这是我做过的最大的仓位，每点价值4000英镑。这相当于400份富时期货合约。我非常确定富时指数会下跌。

我已经见过很多次这种形态了：开盘后大幅下跌，2到3根五分钟蜡烛图的反

第八章 度过低谷期

弹，然后再创新低。

但那天不是这样的。富时指数反弹了。他做多，我做空。这是非常痛苦的，市场把我带到了一个我不想去的地方，一个充满嫉妒、怨恨和绝望的地方。

"你知道吗汤姆，你很幸运。"我女朋友打断了我的思绪。好像她知道我在想什么："并不是每个人都能遇到比他们更强的人，让他们晚上熬夜想着如何击败对方。不是每个人都是莫扎特与萨利耶里。你应该高兴。虽然你输了，但是你得到了什么呢？你难道不知道他的感受和你一样吗？他也拼命想打败你——不为别的，只为你们互相激励。"

她继续说道："你知道，我的老教授皮尔，我跟你说过他……是个聪明的人。你知道是什么让他那么出色吗？他的同事凯尔教授。他们是最好的朋友，他们都不会承认自己疯狂地嫉妒对方，但他们是任何人都想学习的两个最聪明的人。你真的应该庆幸你有一个你非常想打败的人。这真的不是诅咒。这是一种祝福。如果你的偶像停止交易了，你觉得会发生什么？"

我想，如果他停止交易，我还能打败谁呢？我总是喜欢打破我以前的最高纪录，今天我做到了，不过是在规模上。但她是对的，我不仅仅是为了赚钱而交易，我交易是为了把自己推进那些让我不舒服的地方。

有一次，我和我儿子在西班牙克里斯托港的一家餐馆吃饭。我碰巧回头看了一眼，看到拉菲尔·纳达尔正在和他的朋友们吃夜宵。看到一位世界著名的网球明星和他的老朋友们随意闲聊，真是太棒了。

几天后，我们参观了他的网球学院。拉菲尔在训练。那天热得要命，他训练得非常刻苦，就像他不这样做就无法生存一样。他在酷热中竭尽全力，只为了变得更好。

你认为他为什么要这么做？正如马修·麦康纳（Matthew McConaughey）在他2014年的奥斯卡获奖感言中所说的那样："我每天需要三样东西：第一，我需要值得仰望之物；第二，我需要值得期待之物；第三，我需要值得追逐之物。"

我写这些是因为，我认为公开讨论我们的驱动力是有益的。作为金融交易员，你一定会遇到职业生涯中的低谷。当这种情况发生时，退后一步，仔细想想为什么你会被这个行业吸引，这可能对你有帮助。

当遭遇低谷时，我希望你能翻开这几页。我希望它们会提醒你为什么要做你正在做的事情。

我的低谷教会了我要放慢脚步。如果你不放慢脚步，让知识沉淀，那么你将会遭受巨大的损失，这会挫伤你的信心。

不是每笔交易都是世界杯决赛。不是每次交易都像最后一年的期末考试那样，代表四年无休止的学习的结晶。

每个人都会遇到挫折。科比，拉菲尔，费德勒，你，我。

而所有的低谷都会结束。

低谷是不可避免的。你看跌，市场上涨；你看涨，市场下跌。我们所有人都会遇到这种情况，每个人都一样。

有没有摆脱低谷的关键？没有。

我为什么要向你传达陈词滥调？我为什么告诉你要保持冷静，一步一个脚印地走过低谷呢？我为什么不告诉你，虽然经历低谷很可怕，但只要你坚持下去，它就会结束呢？

写这一章我花了几个星期的时间。我刚开始写时，并没有处于低谷期。然后低谷期就来了，我对它进行了描述。在我打下这些字时，我今早的交易情况很棒。我已经走出了低谷了吗？谁知道呢。我不知道我现在做的和低谷期开始时做的有什么不同。

我只是按照我一贯的过程行事。我是一个过程导向的交易者。市场决定了结果，我对此几乎没有控制权。但我有信仰，我相信我的过程会带我度过交易的高峰和低谷。

第九章

拥抱失败

马克·道格拉斯认为，成功交易的关键在于接受风险并采用不同的方式思考。

市场奇才交易员艾德·斯科塔换了一种说法，他说："亏损的交易者很难把自己变成盈利的交易者。一个亏损的交易者不会想要改变自己。只有盈利的交易者才会这样做。"

当我第一次读到这段话时，我还不够成熟，不能理解它的重要性。当我开始为自己交易时，我才体会到它的深度和智慧。

当我交易的规模越来越大时，我意识到，从低风险交易员到高风险交易员的旅程并不是进化的结果。当然，我交易得越多，就交易得越好，但是记住：熟不能生巧。练习只是让行为固化。只有通过专门的练习，特别留意找出自己的错误，你才会进步。否则你只是在巩固你不盈利的行为。

成为一个不同的人

感到焦虑和恐惧是对未知情况的一种反应。通过对事物反复的接触，我们的大脑开始接受新的现实，并逐渐适应它。

你认为有什么技巧，能让你突然从操作每点10英镑的交易升级操作为每点

100英镑的交易吗？你认为有什么书可以读，有什么课程可以上，或者有什么药丸可以让你从普通交易者变成高风险交易者吗？

当然，没有这种技巧或书。但是肯定有方法可以加速你的进步。这是一个优先级问题。我不是那种苦行僧，没有生活，永远致力于把自己逼入寒冷、黑暗的角落，在那里与未知共舞，直到情绪麻木，然后变成一个毫无畏惧的变态。

但是我已下定决心，我想探索我的弱点。我很了解自己的身心状况，我知道如果放任不管，我会很快陷入自我毁灭的行为。

在和心爱的人痛苦地分手之后，我开始靠食物和酒精来解脱。当然，我想我们都会做这样的事。即使是布丽奇特·琼斯（我喜欢看电影）在被她一生的挚爱抛弃时，也一口气吃掉了一桶冰激凌。

但你要继续你的生活。从沙发上下来，关掉电视，把冰激凌桶扔进垃圾桶，然后说："好吧，我犯了一个错误，我会承担责任。"

在很大程度上，如何感受失败决定了你的成长和人生轨迹，这体现在生活的每个方面。也许你想放下本书，思考一下这句话。它深刻得令人恐惧。

作为一名交易者，你的成功在很大程度上取决于你与失败的关系。如果你认为失败是最后的结局，那么你就没办法成为一名交易者。我的一些同事在连续三次交易失败后就会停止交易，这算是什么态度？你觉得篮球界的绝对超人科比·布莱恩特会有这种态度吗？要是他在一场比赛中连丢三个球，你觉得他会要求教练换人吗？

科比·布莱恩特——最大的失败

既然我们谈到了科比，我想告诉你一个关于他的故事。那是在他于不幸的事故去世之后，我从报纸上读到的。事故发生后，大多数讣告都集中在科比惊人的成就和赢得的奖杯上，但来自《卫报》（the Guardian）的安迪·布尔（Andy Bull）

第九章　拥抱失败

从不同角度撰写了科比·布莱恩特的报道。文章的标题总结得很好："布莱恩特的成功始于克服对失败的恐惧。"

科比似乎有一种本能的直觉，他知道为了成为一名伟大的球员，就要克服他对失败的恐惧。文章接着讲述了1997年5月的一场比赛。那是科比在洛杉矶湖人队的第一个赛季，也是他的新秀赛季。他在5分钟内犯了4个关键错误，有人说这让他的球队输掉了比赛。

文章继续写道：那天晚上，科比独自一人熬夜投篮。当太阳升起的时候，他还在练习。我知道这听起来有点煽情，但这个故事背后还隐藏了更多的东西。

表面上看，文章写的是科比在那场比赛中被击败，随后他进行了一整夜惩罚性的训练。但对我来说，这个故事讲述了一个人每晚通过不断尝试，而不断地去直面失败恐惧的过程。他已经习惯了不时出现的暂时失败，但他仍然坚持不懈。

布尔最后写道："他投丢的球比历史上任何一个球员都多。科比愿意在每场比赛中遭遇失败。"

这不是我读到的第一篇关于全美巨星的故事，他们都曾为了证明自己而直面犯错的恐惧。美国棒球运动员贝比·鲁斯（Babe Ruth）几十年来一直保持着全垒打纪录。与此同时，他还被称为"三振王"。如果这个术语本身还没有说明问题，那么让我解释一下：本垒打是伟大的，而三振出局刚好相反。

我发现这个故事引起了世界各地的交易者的共鸣，他们都在寻找消灭亏损交易的系统和策略。

当我在2020年6月1日一个平静的交易日写下这些文字时，我查看了我5月份的交易统计数据。我一共赚了1513点。然而，在我执行的137笔交易中，有66笔交易亏损，53笔获利，18笔不亏不赚（即止损被移到了入场点）。

如果我按照网上那些夸大其词、说自己交易系统的准确率为95%（或更高）的系统销售商标准来衡量的话，那么我就是个彻头彻尾的失败者。毕竟，5月份我的准确率还不到50%。

然而，不管怎样，这个月我还是获得了不错的回报。你如何解释这种情况？答案就是这是错误的观念，人们认为获利的交易越多，你就是越好的交易者。这显然是错误的。

交易界最流行的俗语之一是，获利退出不会让你破产。哦，获利退出当然可能让你破产。如果你不能让你的利润奔跑，你就永远不会在交易里赚钱。虽然篮球和交易在这一点上有所不同，但如果我害怕失败，我就永远不会有盈利的月份。

统计数字说不通

我们知道90%的交易者会亏损。我们还从2.5万名外汇交易者样本中了解到，大多数交易账户的盈利交易多于亏损交易。这说不通。我们如何看待这两个相互矛盾的事实？

如果你仔细阅读科比的故事，会发现答案就在其中。如果你处于亏损仓位，这基本就是说你犯了个错误。然而，交易不像篮球比赛，投篮后你马上就能知道是对还是错。在交易中，你总是希望交易会变得对你有利。

让人们继续持有早该平掉的仓位的原因，是希望。俗话说，**希望永不破灭**。它如此真实，也如此有害。我如何在交易中处理自己的希望和恐惧？

我通常只在持有仓位时感觉到希望。我希望我的交易顺利进行，我希望市场会向着对我有利的方向移动。

而恐惧出现得更多。当我持有仓位时，我会感到恐惧；当我没有仓位时，我也会感到恐惧。这是希望和恐惧之间细微但重要的区别。

希望往往只出现在交易之中，而恐惧在我交易和不交易时都会出现。我可能害怕市场在我没参与的时候趋势继续，又或者我可能害怕我过早平仓——这也可以被归类为**后悔**。

第九章　拥抱失败

虽然我打算在书的最后更深入地讲述我的交易策略，但现在我想要简要地描述一下我的方法。

当我处于交易之中时，我用退出策略来应对恐惧。我设定止损点，它定义了我损失的大小。在我开始这个交易日之前，就已经接受了这个损失。这是我交易计划的一部分。

在交易日开始之前，我会在早上做好心理准备。我会静静地坐着，思考自己即将要做的事情。我会在脑海中想象我失败的画面。当我的大脑经历这些想象中的损失时，我会让它平静下来，消除焦虑和后悔的情绪，以及报复心理和赚回损失的欲望。

我的止损将决定我何时退出，这样我就解决了希望的问题。也许我会盈利，也许不会。在交易日开始之前，我会进行心理练习，想象自己进入市场，看到市场向着对我不利的方向波动，我会和恐惧大脑谈判，控制它对我表意识发出的冲动信号。

等到交易日开始时，我已经想象过自己亏损、获利、加仓，以及耐心等待正确设置的画面了。当市场开盘的铃声响起，我已经做好了心理准备。我已经做好了亏损但不失去沉着冷静的准备。

我好胜的儿子

我很喜欢阅读有关特种兵生活的内容。我喜欢阅读英国特种空勤团（SAS）和海豹突击队所经历的那些考验和磨砺。我儿子也对此感兴趣，特别是训练中的自由潜水部分。

这些精英战士必须通过的考验之一是50米水下自由潜水。你觉得潜到水下50米有捷径可循吗？

作为一个在水下46米游过泳的人，我可以告诉你，没有捷径。我和儿子在度假期间练习了很多次。我们住的度假村里恰好有一个50米深的游泳池。

我和儿子都是颇具竞争精神的人，他首先开始了我们第一次的尝试。他下潜到不到一半。现在我有了目标，而且我几乎下潜到了中点，以一两英寸的优势赢了他。

我们讨论了该如何提高，并一致认为我们需要更加注重游泳前的准备。所以接下来我们坐在池边，专注于让肺部以及全身充满氧气。

我们逐渐表现得越来越好。然后我们意识到，如果在水下游得不那么猛烈，我们会消耗更少的氧气。我们的重点转移到保持冷静和有节奏的划水上。

7天假期结束的时候，我离50米只差划动几下的距离，我儿子则在我身后一两米处。这项测试是有志成为海豹突击队员的人的主要障碍之一。我并不是说我或我儿子是海豹突击队员的材料，但我想说，如果没有不懈的练习，人是不可能在水下50米游泳的。

我和儿子为此进行了努力，然后我们分析了我们的流程。我们根本没太关注结果，我们只是尽我们所能使过程高效。这让你想起什么了吗？如果你的目标是想每天赚多少多少钱，或赢多少多少点，你可能在破坏自己赚大钱的机会，你这是以结果为导向。把你的注意力转移到以过程为导向上来，你会受益匪浅。

第十章
最优秀的输家获胜

现在是时候谈谈更具体的问题了。我们可以永远绕着这个问题打转，或者我们可以下手开干，创建一个经过精密调整的交易思维。

你在生活中成为什么样的人，取决于你所做的决定，以及你对别人为你所做的决定的反应。

史蒂夫·乔布斯（Steve Jobs）站在斯坦福大学2005届毕业生面前的讲台上，给新毕业生们做了个毕业演讲，提出了一些关于如何生活的建议。建议大致如下：

"记住，有一天你会死去，这是我知道的避免陷入'思考你会失去什么'的陷阱的最好方法。你已经赤条条了，没有理由不跟随你的心。"

当涉及金钱时，很少有人能坚持自我。不能拥有你想要的生活的主要原因是恐惧。大多数人在安全的界限内玩着"人生"这个游戏，这个界限是在他们成长过程中建立起来的，目的是避免痛苦和焦虑。

经常有人问我是否知道成为优秀交易者的秘诀。我想很多新手可能都认为我知道一些非常好的交易工具。他们并不完全错。是的，我知道一些很棒的工具，但是它们最多也只是70%的时候奏效。我仍然会在100次中错30次。

我在交易世界中做到现在这种程度，不是因为我的智商。我想马上告诉你这一点，我做到现在这种程度是因为我与痛苦的关系。我们的大脑讨厌失去对我们有价值的东西。它会放弃所有的理性思考，并做出一些非常糟糕的决定，为的就是避免失去有价值的东西。

我是一个盈利的交易者。这是因为我有超强的读图能力吗？不，当然不是。有很多优秀的图表分析师都不会交易。

是因为我有卓越的交易系统吗？不，优秀的系统有很多，但它们大多数仍然只有60%的准确率。

是因为我有高层朋友给我提供内部消息吗？不。你没看我书中的内容吗？我不喜欢社交，当然也没有身居高位的朋友。

我没有秘密，也没有什么特殊能力，除了一项能力之外。你想知道我为什么这么擅长交易吗？

我特别擅长输。在金融市场上投机时，**最优秀的输家才能赢**。不要小看这几个字。虽然这可能与生活或者现代社会给你灌输的思想相悖，但想在金融市场的投机中取得成功，关键并不在于成为最好的、成为第一名或者获胜。

相反地，它和输有关。你与恐惧和挫折的关系将在很大程度上决定你的生活。

这就是为什么我能赢。我赢是因为我很擅长输。交易与生活不同，最优秀的输家才是赢家。如果一名牙医或医生有60%的胜率，你认为他们还能继续开展业务吗？当然不能。但是一名交易者可以在这样的胜率下蒸蒸日上——只要他们为此做好准备。但大多数人并没有做好准备。

很多人受到了召唤

交易吸引了很多不应该成为交易者的人，他们被误导认为交易很容易，也许是券商经纪人在诱惑他们。我相信你看过那些券商经纪人的广告：一个镇定自若、自信满满的演员在令人眼花缭乱的屏幕前自信地按下按钮，然后带着自信的微笑如胜利一般地离开。

如果你看看交易行业，就会发现我们都被引导着相信交易的成功在于工具。

第十章　最优秀的输家获胜

等等，因为我有一支威尔逊职业级网球拍，你觉得我就能像罗杰·费德勒那样打网球吗？

这是一种错觉。我怎么知道的呢？因为多年来，我都是伦敦最大金融市场券商之一的内部人员。

为什么那么多人都会亏损？从统计学上说，这么多人亏损应该是不可能的。如果市场是随机的——大多数时候，市场波动确实是随机的——那么为什么90%的客户总是输掉一个胜率50%的赌局？

答案既简单又复杂，并不是市场打败了他们，是他们自己打败了自己。我一开始也不是持续盈利的交易者。为了取得成功，我必须打破隔离多数人与少数人的壁垒，而在这个行业中，没有指导手册，只有先经受考验才能学到经验。

作为券商经纪人，我很快就注意到了我们客户的交易行为。作为一个群体，交易者是可预测的。或者，更准确地说，他们的结果是可以预测的，因为每个人都在做同样的事。

我观察了成千上万的交易者执行数百万笔交易。他们的行为变得可以预测，简直就像他们都连接着一个集体意识一样。周复一周，月复一月，年复一年，当他们亏损时，他们希望市场会让他们追回损失；当他们盈利时，他们又害怕市场会夺走他们的利润。他们在应该充满希望的时候感到恐惧；在应该感到恐惧的时候，却又满怀希望。

这些人类经验帮助我成为如今的交易者。看着其他人的挣扎，我意识到他们找错了地方。

他们急切寻找的答案并不在外部。它不在软件中，也不在任何工具中。相反，我意识到，答案就在自我之中。

调整我的思维

在清晨的寂静中，我在办公室里为一天的交易做准备。这是一间简约的办公室。根据我身处位置的不同，办公室里要么有两个显示器，要么有四个显示器。这就是全部了，没有特殊显示器或者水冷式电脑。

我的秘密武器是硬盘驱动器上的几个文件。一个屏幕显示的是演示文稿（PowerPoint），另一个屏幕是微软文档（Microsoft Word）。

演示文稿文件是我的提示。到了上场的时候，在我出手之前，是时候变身成别人了。电影《角斗士》（*Gladiator*）中，为什么马克西姆斯·德西穆斯·梅里迪乌斯（Maximus Decimus Meridius）要在战斗前在他的手上搓泥土呢？

这是一种仪式。

他必须在战斗前让自己免疫，抹除心中的感觉，成为死神的工具，坚不可摧，这样他才能再活一天。在手上揉搓泥土是他抛弃旧自我的仪式。每天从早上5点到晚上9点，甚至到深夜，我都在和自己战斗。交易是一场自我斗争。

演示文稿文件包含了我以前的交易、错误、胜利、启示和警告，以视觉化方式排列，让我为即将到来的一天做好准备。

我需要变成另一个人，否则我就赚不到钱。这就是为什么从外部看来，交易似乎很简单，但实际上它并不简单，因为成功的交易几乎与你身体里存储的每一个基因都相悖。

20世纪60年代，神经科学家保罗·麦克莱恩（Paul MacLean）提出，人类大脑进化出三个功能区：爬行动物大脑（Reptile Brain）、边缘系统（Limbic Brain）和新皮层（Neocortex）。

那么，当你交易的时候，真正掌控一切的是谁？

是你的爬行动物大脑，也就是你的本能自我。当你受到惊吓时，你会做出反应，也许你会察觉到胃部的抖动，下背部的振动——这是你的爬行动物大脑在为你的生存做准备，因而触发了战或逃反应。

你会逃跑还是战斗？你的潜意识爬行动物大脑只有一个功能，那就是保护你。不管你愿不愿意，它都会这样做。

而这就是个问题，因为作为一个成功的交易者，你需要非常善于输。这意味着你将与你内置的潜意识保护系统不断产生冲突。

这个系统在远古的洞穴人时代保护你免于死亡，但它也会保证你作为交易者的失败——除非你能学会克服它。而克服它的第一步就是接受痛苦。

我早上做的一个练习是闭上眼睛，并想象一个场景。我想象我会损失一大笔钱。我经常使用一些对我有重要意义的数额，比如我上一辆车的费用，或者我儿子的大学学费，或者一个令人难忘的损失数额。

比如说，假设我选择想象损失7.8万英镑。我会想象自己失去这个数额，让它停留在我的意识中。我会让它生根发芽。我会想象因为这个损失我无法购买的东西，让这个损失变得在情感上更加生动。

现在，我会反其道而行之。我会想象自己赢了同样的数额，即7.8万英镑。结果是，我的情感反应系统不会让我感受到与我之前感受到的痛苦相匹配的喜悦。

神经生物学表明，我们对金钱损失的感受比同等价值的金钱收益感受强烈250%。完成感受痛苦、不感受愉悦的练习之后，我会再次回到感受亏损上。

这个练习的目的是调整我的得失感受。事实上，我真的不想有任何感受——但我发现，如果我对胜利感到过于高兴，我往往会对失败感到过于悲伤。我不想这样。

我不是胜率99.99%的牙医，我是个交易者，必须得接受有一半的时间都在出错。一天之内多次感受快乐和痛苦是令人疲惫的。我宁愿什么感觉都没有，也不愿经历这种情绪过山车。

我赢了。继续前进。

我输了。继续前进。

采取这种态度，并预热我的潜意识，我才能日复一日地在盈利和亏损的交易中穿梭自如，而不让它们影响到我的策略。

在某种程度上，痛苦在生活中是不可避免的。有人让你失望，你会感到痛苦；有人在情感上或身体上伤害了你，你会感到痛苦。在交易之外的生活中，解决痛苦的一个方法就是和别人诉说。俗话说，两人分担，问题减半。我不知道为什么与朋友分享痛苦后，痛苦的感受就会减弱。也许把失望说出来这个举动让人们对问题有了健康的视角。

不管怎样，你感觉好多了，疼痛也减轻了。

但是在交易中，尽管大多数人试图逃避和摆脱痛苦，我却做相反的事情。我奔向它，我拥抱它，我不想分享我的痛苦，我想抓住它。我需要它。

无论你是新手还是经验丰富的交易员和投机者，你都应该认真思考这个问题：

如果你想在一个90%或更多人失败的领域取得成功，你认为你应该如何开始这个任务？

交易从表面上看很容易，但实际上它比人们预期的更具挑战性——因为我们的本能是去做相反的事情。这就是为什么100个人中有90个人最终会输。

在交易中获得稳定、成功和觉悟的道路始于你最意想不到的地方：你自己的内心。

关键在于

那么，下面就是关键。接下来的内容将打开你的成功之门，打破你想要的生活和你现在的生活之间的壁垒。

如果你想在90%的人都失败的领域中取得成功，你有两个选择。你可以研究那90%的失败者，然后做与他们相反的事情。或者你可以复制那10%的成功者所做的事情。

如果你不像你想要的那样成功，你迟早都需要改变你的行为。无论你失败地交易了3个月还是30年，你都比你意识到的更接近成功。

90%的人失败，是因为他们自动地接受爬行动物大脑传递来的痛苦信息，而不加任何修改。

当痛苦敲门时，你需要学会重新编码你大脑的信息。一小部分持续稳定的交易者，也就是那10%的交易者，并没有对痛苦做出反应并逃跑，他们坚守阵地并冲向危险，而不是远离危险。

那10%的人成功了，是因为他们学会了转变思维方式。

翻转开关

这会让你感到很不舒服，但如果你想在金融投机的游戏中取得成功，你就必须接受和拥抱这种不舒服。这就是为什么交易看起来简单，实际却并不容易。

交易的悖论就在于：做到90%的人做不到的事，你就会成功。换句话说，我知道我会感到不舒服，我期待我的交易会让我焦虑，我正等着呢。

我可以用几句话来总结：

1. 我假设我是错的，直到被证明并非如此。
2. 我知道我会感到不舒服。
3. 当我正确的时候，我就加仓。
4. 当我错误的时候，我不加仓。

假设你是错的

记住，我观察过成千上万的交易者执行数百万笔的交易，我注意到当大多数交易者进入一个头寸时，他们认为自己是正确的。在一个90%的人都会失败的行业中，你的重塑过程始于翻转这个开关。

我会假设我需要迅速摆脱一笔亏损交易。我对这次行动的信心并不在于我选择正确工具的能力，这是90%的人都会做的事。相反，我的信心在于，我相信我会平仓表现不佳的交易。我相信自己知道如果这笔交易不成功，很快就会有另一笔交易。

你看到我是如何转换自己的思维了吗？我与那90%的人想法不同，我会假设我是错的，直到市场证明我是正确的。

翻转开关！

90%的交易者执行交易时会经历情绪波动，这些情绪源于他们的痛苦中心。他们那受情绪驱动的痛苦阈值中心会给他们发送错误信号，导致他们亏损，这只是时间问题。这是一趟永不停歇的失望、亏钱和痛苦的过山车之旅。

当我交易时，我假设我是错的。我开始交易，而市场朝着对我有利的方向移动。我在交易市场，因为我知道我的利润大小与市场无关。

我知道我的盈亏不会影响市场。我知道我大脑的自动痛苦感受器会启动，产生一种内在的安全反射来记录痛苦。

和其他人一样，我也受制于相同的内置自动痛苦感受器，但区别在于我如何处理疼痛。我没有屈服于它，没有被我的情绪反应所控制，而是翻转了开关。我已经训练了自己去预期痛苦的到来。

我意识到疼痛的存在。它就在那里。它是真的，但我接受它。我在训练中一次又一次地遇到它。它不再是我生活中的一股削弱力量。我已经训练自己不让恐惧左右我的决策。

期望会感到不舒服

当你感到不舒服时，怎么可能玩得开心呢？逻辑会说这是不可能的。我认为，所有的人都会在追求某事中变得充满活力。我们在花园里劳作，我们锻炼，我们为考试而学习。我认为在感到不舒服的同时去享受一个具有挑战性的过程是完全可能的。当一个交易头寸的盈利不断增长时，我不会屈服于利润会消失的恐惧，而是利用我的心理热身、训练练习和对趋势日市场不断攀升的观想来翻转开关。

我在脑海中翻转开关，将负面的心理想象转换为积极的心理想象。我看到自己跟随市场强劲的上涨趋势。我看到自己处在每一次涨幅的前沿。

90%的人专注在他们想避免的事情上，而我专注于我想要达到的目标。90%的人都屈服于他们的恐惧。我预期到我的恐惧会不断涌现，而我已经有了对抗它们的计划。我看到了一种不同的画面。

那当我亏钱的时候呢？

我已经预料到会亏钱，所以市场不同意我的交易也不会引起我的痛苦或恐惧。我预料到了。我已经接受了我的损失。

我不会考虑通过加仓的方式来让我已经亏损的头寸变得更糟。我已经通过训练把这种心理特征从我的头脑中抹除了。它甚至不再进入我的脑海。我的大脑知道，当我的判断是正确的时候，我会进行加仓，而当我的判断是错误的时候，我会减仓。

情绪会毁掉交易账户。阻止你获得丰厚利润的不是缺乏知识，而是你在交易时处理情绪的方式。

我花了10年时间观察交易者亏钱。他们都很聪明，准确率也通常很高，但他们输得不够好。

读到这里，如果你只记得一件事，那就记住这个：交易与生活不同，在交易里，最优秀的输家才是赢家。

第十一章
理想的思维模式

一名交易者应该有一种理想的思考方式。一种理想的思维模式，它极其灵活，它不关心获利，也不关心亏损，它是一种无忧无虑的心态，但它仍然为你最大的利益服务。

理想的交易思维模式是没有恐惧的，如果你被这种说法吓到了，可以先暂停一下。理想的思维模式可能没有恐惧，理想的思维模式仍然是按照你的最佳利益行事。理想的思维模式可能是无畏的，但它不是鲁莽的。

人们为什么会输掉交易游戏？恐惧在这个问题的答案中扮演了重要的角色。恐惧可以以多种方式表现出来，它可能是害怕错过市场上的良机，也可能是害怕在市场上停留太久而目睹盈利消失。

你能获得理想的思维模式吗？当然，毫无疑问。也许你需要成长才能得到这种状态，也许你需要开始一段重要的内省时期，去**了解你自己**。我很快就会讲到如何了解自己是怎样的交易者。

理想的交易思维模式是确实存在的，而你可以训练自己达到这种思考和信仰的状态。达到这种状态，这意味着你能够不感到被威胁或抱有恐惧地去感知来自市场的信息。

这是否意味着你不会再亏损了？不，你还是会像其他人一样亏损。然而，理想的思维模式在对待亏损或盈利交易上是一样的平静。在不感到被威胁的心态下，这两者都不会影响你冷静客观感知市场信息的能力。你的情绪状态会保持平衡。

每个交易者都经历过进入状态的时期，享受过理想的思维模式带来的宁静感。这种进入状态的情形往往发生在特定情况下。对我个人而言，当我在假期中交易时，就会体验到这种平静的感觉。

有一个故事让我记忆犹新。那时我放了14天假，每天都在度假屋交易。我处于完全平静的状态，只有当市场真正向我呼唤时才进行交易。不然的话，我就去泳池边晒太阳。

当我回到交易大厅，我老板走出来说："有人火力全开啊！"然后鼓起掌来。而14天后，我就把假期里赚来的钱悉数还了回去。我之所以把这件事记得这么清楚，就是因为它促使我向内探寻去了解我自己究竟是一名怎样的交易者。

硬编码的基因

理想的思维模式是存在的，但是很少有交易者能一直保持这种思维模式。当我们不以理想的思维模式运作时，我们会有所恐惧。这种恐惧是缺乏信任的表现。我们不信任自己能够毫不犹豫、毫不保留、不带内心冲突地执行必须要做的计划。

我们大脑的思维方式才是问题所在。大脑的核心目标是保护生命安全并且避免痛苦。保证活下去是我们与生俱来的思考方式，这种思维模式被硬编码进了我们的基因。它可能确保了我们继续活下去，但却让交易变得困难。

让我们生存下去的本能反应，也是让交易变得非常困难的原因，除非你学会如何对抗你的硬编码。

我们面临的问题主要分为两类：

1. 不管我们有没有意识到，我们把此时此刻与另一时刻联系在一起。

2. 我们的大脑本能地避免痛苦。

我们学会了通过关联来从经验中受益。但是，在交易中，关联（将过去的时刻与当前时刻联系起来）和回避痛苦是不能兼容的。

我为什么这么说呢？为什么会说关联和回避痛苦会对盈利交易有害呢？因为在交易中，每一个时刻都是独一无二的，任何事情都有可能发生。交易就像是一个抛硬币的游戏。许多专业交易者（包括我自己）的胜率差不多在50%，因此抛硬币的比喻甚至比你想象的更加恰当。

如果你玩抛硬币的游戏，可能不会太担心结果。随着时间的推移，它会变得可以预测。有50%的时候你会赢，有50%的时候你会输。如果你开发了一个系统，在输的时候损失1个单位，在赢的时候赚取1.5个单位，这就意味着你有了一个好交易。

交易在很多方面就像这样。你不能根据一次交易的结果来判断你的系统，而是要根据多次交易的结果进行判断。我们之所以这么做，是因为即使是抛硬币游戏，在100次投掷的结果是50∶50的情况下，它也可能出现不均匀的分布。正如我的朋友大卫·保罗曾说过的那样："单个结果有随机性，而100个结果就有秩序性了。"他说的是抛硬币的情况。

我曾经抛了100次硬币，并将结果写在一张纸上。我看到正面连续出现了15次。这让我停下来看了看硬币，仿佛在确认它是否有明显缺陷。它并没有缺陷。如果你连输15次交易，我想你的心理状态会受到影响；如果你连赢15次交易，你可能会觉得自己战无不胜。

市场会按照自己的规律运转，它不关心你或你的仓位，也不关心你是否参与交易或者只是观望。如果你连赢了15次，市场不在乎；如果你连输了15次，市场同样不在乎。

你不能因为亏损了一次就觉得你现在离获利更近了，这样做只会让你重蹈覆辙。每一刻都是独一无二的，即使你已经连续猜对15次，也不意味着第16次猜对的概率更小。它仍然是50%的概率。

为什么呢？因为单次结果具有完全的随机性。这是"每一刻都是独一无二的"的另一种说法。然而，随着时间的推移，平均定律会发挥作用，100次的硬币投掷中会产生50次正面和50次反面。

然而，虽然你可能在理论上甚至逻辑上理解这一点，但你很可能在情感上无法理解，特别是当你刚刚连赢了15次或连输了15次的时候。这就是思维受训和思维未受训之间的差别。我会逐步引导你走向思维训练之路，让你不会屈服于恐惧。

感知信息

信息本身并没有力量左右我们。它的力量取决于我们的信念体系以及我们赋予信息的能量。如果你收到一封来自未知人士的电子邮件，上面写着"You are a dead man"（你死定了），你的情绪反应很可能会与收到一封写着"Du er en død mand"（你死定了）的邮件截然不同。

这两封邮件传递的信息都是一样的，不过一个用的是英文，另一个是丹麦语。就句子本身而言，它只是不同字符的组合。一旦经过大脑的解读，就被赋予了感情色彩。这句话本身没有意义，是我们对这句话的解读引起了情绪反应。

因此，想象一下一种思维模式，你可以纯粹地从机会主义者的角度来感知市场信息。你不会被信息威胁，你不会想："天啊，我为什么没参与到这个行情中来？"也不会想："我为什么参与了这个行情？"你只是以一种看到机会而不是被威胁的心态来观察和决策。

市场每天都在上下波动，波动形成形态，我们基于形态交易。这些波动只是波动而已，但如果你持仓，它们就有了自己的生命和意义。它们证明你的正确性或者削弱你的信心。这不是你想要的交易方式，这不是理想的思维模式。

第十一章　理想的思维模式

专注并吸引

我们专注于什么，就会吸引什么。我相信这一点，所以对我来说它是真实的。我们所经历的恐惧会让我们专注在我们恐惧的事物上，以至于最终我们会创造出我们试图避免的经历。

我想给你举一个简单的例子，来说明我们的注意力会决定我们接收到的信息。例如，当你买了一辆新车，是一款黄色的大众甲壳虫。当你开着新车时，你会开始注意到其他的大众甲壳虫，而你以前从没注意到它们。这是因为你的大脑打开了一个过滤器，让有关大众甲壳虫的信息进入你的意识中。

我们专注于什么，就会吸引什么。交易者在市场上持有头寸时，就会专注于价格的变动（涨跌）。如果价格朝着自己的预期方向变动，价格变动会给他们带来快乐以及释放痛苦。相反，价格变动不利于他们的头寸时，会给他们带来痛苦。

你可能认为我在说一些显而易见的事。你是对的。我的重点不在于说显而易见的事，而是想说，这种心态会妨碍其他的可能性。我们感受到的恐惧越多，大脑关注的信息就越少。它会缩小你的视野，阻止你发现其他可选方案。

我运营着一个实时交易频道，我在那里直播我的交易过程。当我公开交易时，我最引以为豪的一种情形是，我会承认自己错估了市场，并改变自己的持仓。例如，我可能对道琼斯指数做空，而市场朝着与我预期相反的方向移动。我接受自己错了，平仓，并开始反向交易。

当你的交易规模很大的时候，做到这一点需要极大的自信心。这种情况下，我通过诵读自创的口号来帮助自己："专注于过程。专注于你能控制的事情。"我已经发展出一套信念体系，让我能鼓励自己采取这种灵活性。

这种思维模式对你来说也是可能的。当我开始时，我想创造一种思维模式，让我可以在没有恐惧的情况下感知信息，这就是理想的思维模式。创造这种思维模式需要时间，你为此付出的努力直接关系到你的回报。不要期望突然有一个惊喜的瞬间，而是期望逐渐变得越来越好。

信 念

我们的信念决定了我们对信息的反应。我们生来是白纸一张，而我们的信念是通过教育和适应环境获得的。我们被教导要如何思考，我们的许多经历也塑造了我们的信念。

我现在要说点私人的事。我觉得我的父母在我很小的时候就抛弃了我。他们离婚后，我成了他们争吵的对象。我现在明白了，那些经历塑造了我的信念，进而影响了我的人生选择和决策。当我足够年长，能够掌控自己的命运时，我攒了尽可能多的钱，告别了那个有毒的环境，离开了我的故乡。

这与交易有什么关系呢？交易给了我们表达自我的无限可能。我们可以开设一个交易账户，然后自由地进行交易。你是自己的老板，没有规定，没有限制，做你想做的事情。你不再受父母的影响或指导，世界是你的，你有完全的自由去做自己想做的事，想什么时候做就什么时候做。

我们不喜欢在规定下生活。毕竟，我们青少年时期的大部分时间都在反抗父母的规定。交易是一个没有规定的环境。不幸的是，结果令人惊讶。交易者有自由意志，但90%的交易者的信念体系却会导致他们走向失败。

为了在交易中获得成功，我们需要既能在交易规则下操作，又不感到被束缚，因为最终，我们想要体验完全的自由。这归结起来就是创造一种思维模式，能始终以自己的最佳利益行事。这种思维模式能让你看到机会，它知道你的弱点以及需要注意的地方，并让你能接收信息而不感到信息的威胁。

你可以在一个无忧无虑的心态下运作。我已经创建了一个无忧无虑交易心态的蓝图，并改变了我对交易的信念。这就是本书的核心信息——改变我们的思维方式，特别是我们对亏损的思考方式。这本书的主旨就是向你解释我的思维模式，并教你如何具备这种思维模式。

老旧的思维方式仍然存在。它将永远在。这是你个性的一部分。旧信念已经没有了影响力，它已经褪去、消散。不过，旧信念不会仅仅因为你告别了它而不再存在于你的记忆中。

我来给你一个孩童时的例子。我们曾经相信圣诞老人的存在。我们相信只要表现好，他就会来拜访我们，给我们送礼物。他并不是真的存在，这件事让你困扰吗？当然不会。你已经消解了被欺骗带来的情感冲击，你的生活也并没有变得更糟。我对我的旧交易信念也是同样感觉。我没有错过什么，我在一种新的思维模式下蓬勃发展。我曾经觉得生活里不能没有饭后的一支烟，而现在，我没法想象自己把烟放在嘴上的情形。我每天都吃饭，但却再没有了抽烟的冲动。我曾经觉得没有烟不行，现在我不敢相信自己之前竟然那么上瘾。我只花了一周多的时间就重新编码了我的大脑。当你应用我的蓝图构建理想的交易思维模式时，也会发生同样的变化。

我在交易中需要克服的最大信念是当我面对损失时产生的联想。我必须学会将损失与失败感或想要对市场进行报复的感觉分离开来，这样才能创造一种心理平衡。实现这一点对我的交易表现来说是一次巨大提升。

"真理之书"

现在我想说说如何去实践创造正确的思维模式。不能一直在问题的表面上打转，让我们现在直奔主题，具体说说。

我曾经看到过一块标牌，上面写着："最美的风景总在最艰难的攀登之后。"谚语简化了复杂的信息，它们短小精悍，却不告诉你详细的实操步骤。

我该如何攀登这座山？告诉我们"尽管去做"可能出于善意，但是关于到底该怎样攀爬，却缺乏与此相关的描述。同样地，只是告诉你"让利润奔跑"和

"截断亏损"也远远不算提供了具体实现这些目标的有意义指南。

当我刚开始交易时，我具备了正确的资格。理论上，我应该会取得好成绩。但在情绪上，我和其他人一样。我没有赚到钱，应该说我没有赚到大钱。我亏损时输的钱比盈利时赚的钱多。诚然，我盈利的日子比亏损的日子多，但那些亏损日子让我遭受重大损失，程度如此之糟，我还不如去找一份工作，工资都会比我交易赚得多。

除了在图表上的准备以外，我并没有思考我还带着什么来参与这个游戏。我只是出现了，交易了，研究了图表，仅此而已。我以为这就是事情的全部。要是进展不顺利，那么我就该多做一些上述陈列的内容。

然而，我从未向内探寻。接着一件事发生了。我读了关于2.5万名交易者执行的4300万笔交易的研究（在本书的前面有描述），我对自己说，**我和他们一样**。他们都相信自己会盈利，但实际上他们都没在盈利。

这促使我开始全面思考交易这件事。我一直痴迷于技术，认为技术分析**越多越好**。然而，我没有得到我想要的结果。这让我开始**思考我的思维方式和我的信念**。更重要的是，我开始怀疑我的那些信念是否有助于我成为更好的交易者。到目前为止，它们并没有太大帮助。

你的信念构建了你的世界，你对世界的看法是你信念的结果。有些信念很容易识别。我认为人们应该保护环境，因此我确保我将废物分类回收。这是一个简单的信念例子，但更深层次的问题是，你是否意识到你的交易信念是如何塑造你的交易表现的？你有没有认真思考过你的交易信念是什么？

你的交易表现是你信念体系的结果，只有通过分析你的交易表现，你才能发现你的信念体系。有一个简单的方法可以识别你的交易信念。虽然我说它很简单，但它也是艰苦的工作。

我的一个朋友想提高冲浪水平，于是他雇了一个朋友在他冲浪的几个小时内拍摄他的视频。他观看了自己的冲浪录像，并找出了自己的问题。他需要加强核心肌肉力量，并要信任自己对浪的选择，而不是在很多浪上都半信半疑。

类似地，我决定要回顾自己的交易，来真正弄明白我的问题所在。因此，我将我的交易结果下载到电子表格中并做了分析。我仔细研究了我的交易。我把我的交易分成了许多不同的类别，很多交易都出现在多个类别中。

有些交易我持有了好几天，有些只持有了几秒钟。有些交易在早上执行，有些则是在下午和晚上执行的。

我建议你阅读我对自己交易的评估，并在自己的交易中重复这个过程。这是理解你是谁以及你如何与市场互动的关键步骤。一旦你做到了这一点，你将创造出我所说的"真理之书"。

最重要的是，要对自己诚实，就像我一样。如果你对自己不诚实，你就无法在交易中得到稳定的回报。对自己诚实的勇气本身就是奖励。

下面是我的评估：

1. 我有胜率超过85%的时期。
2. 我的平均盈利交易比平均亏损交易少。
3. 我是个盈利的交易者，但我的大额亏损严重影响了我的总盈亏。
4. 我在一天的前半段交易得好。
5. 我在一周的前三四天交易得好。
6. 当我在下午交易时，我经常会输掉大部分早上赚得的利润。
7. 我经常在星期五输掉大部分当周利润。
8. 我在区间波动的日子里表现不错。
9. 我几乎总是错过趋势日，而且我经常与趋势唱反调。
10. 我最大的亏损来自与趋势行情的对抗。

对交易表现进行分析拆解产生了一种积极的宣泄作用。回顾自己的错误让我感到莫大的愉悦，因为这让我觉得我正朝着更好的自己迈进。

我做了一个非常耗时的决定，我决定把自己所有的交易都放到相关图表中。

我制作了一个幻灯片文件，把每个交易都整理了进去，这样我就能直观地看到我自己的表现。这就是"真理之书"。

我认为，这个过程是提高交易表现的最有帮助的练习。我从过去到现在，每天都在直面自己的不足，而且我看到的是自己不足的视觉呈现。比起只是在便笺纸上写下"不要在没有止损点的情况下交易"并把它贴在你的屏幕上，用视觉呈现的方法看到你的不足似乎是带来改变更有效的手段。

每天早上，在交易开始之前，我都用这个幻灯片文件来热身。它提醒我自己的长处以及需要留意的短处，这已经成为我工作过程中不可或缺的一部分，以确保我始终按照自己的最佳利益行事。

当我开始回顾自己过去的交易、过去的伤痛和成功时，我感到一股强大的动力，我想要复制我所擅长的东西，并避免我不擅长的东西。我立刻开始以不同的方式交易，并看到了交易表现的明显改善。即使我需要去适应新的思考方式，结果也是立竿见影的。我赚了更多的钱。

我开始更加信任市场。我相信每天我都会有赚钱的机会。尽管听起来很奇怪，但我确实交易得少了，赚得多了。当然，我一开始并不完美，到今天也不完美。事实上，我的一个信念就是，**在交易中不要坚持完美**。

我面对的一个真相是，少即是多。我的收益率与一天中的时间明显相关，下午的收益远远不及早上。那么如果我只在上午交易，我会赚更多的钱吗？统计数据的答案是肯定的，但我的内心却说不。我想去交易，并且觉得（或者说我的信念决定了）我必须在下午交易。如果我只交易半天，我怎么能称自己为交易者呢？这是一个不断试错的过程。

这是"真理之书"带来的直接好处，但我并没有止步于此。我开始认真质疑自己交易的动机。我认为，在交易这种90%的人都无法获得正回报的行业中，把你自己和大众区分开来的唯一方式，就是承认你的头脑要么是你最好的朋友，要么是你最坏的敌人。

第十一章　理想的思维模式

如果你在交易之前没有准备好你的大脑，并且在交易中遭遇挫折，你的大脑很可能会违背你的主要目标。你的主要目标不是赚钱，你的主要目标是遵循你所制定的策略。更重要的是，你的主要目标是遵循你为自己设计的过程。如果你遵循这个过程，结果会自然呈现。

我不去设定目标，我只关注我的过程。我是一个过程导向的交易者，我不认为过于以目标为导向就会帮助你实现目标。当然，目标是获利。但是，逆境风险下的大脑是处于压力之中的，一个压力状态下的大脑需要结构和过程，不然它将屈服于恐惧、报复和绝望，它所做出的决定也将源自这些感觉。谁愿意基于恐惧或压力来做决定呢？

大脑需要指导。我读过一个故事，讲的是一位橄榄球教练在半场休息期间会进行专门的演讲，为了唤醒他带领的球队球员们的想象力。有一次，他的球队在比赛的上半场被击败了。在更衣室休息的时候，教练放了一段他事先准备好的特别视频，视频展示了橄榄球历史上一些最伟大的翻盘时刻。播放这段视频是为球员们提供一条走出紧张状态的途径。它提供了心理想象力，让球员们看到了可能发生的事情。再加上恰当的激励，鼓励球员们专注于过程、保持当下的状态、等待正确的时机并相信过程，他们的大脑已经从紧张状态变成了备战状态。

我想提醒你，我交易生涯的第一部分是在交易大厅度过的，观察了成千上万交易者如何度过一天的生活。我坚信，那些在上半场落后的交易者没有任何心理工具来帮助自己，因此往往会随时间流逝让自己陷入越来越深的困境。

离开过去的自己

还记得电影《角斗士》中，马克西姆斯在战斗前例行在手上搓泥土的场景吗？通过这种心理准备的仪式，他把过去的自己抛在身后。我也必须离开过去的自己。今天我也必须成为另外一个人。芝加哥交易市场的传奇债券交易员查理·D曾说，好的交易与正常的人类本能相悖。要成功，你必须习惯不舒服的感觉。

交易是一场自我战斗。每天早上我必须脱去自己的皮囊，变成另一个人。"真理之书"是我转变的关键，它唤起了我想比过去行为模式做得更好的渴望。我相信，如果我没有采取行动去关注我的思维模式，以及每天与自己的旧行为进行对抗，我就不会达到今天的程度。

根据我对自己交易日记的观察，我认为这是事实。整理我的旧办公柜是我交易转型的催化剂之一。我找到了以前的交易日记，日记里详细描述了我的交易日。当我翻阅这些跨越10年的日记时，我看到了我有多么迫切地想在交易领域成功。我看到自己日复一日地保证不会在亏损交易上加仓，不会在周一到周四表现出色，然后在周五失去一切，以及保证自己只坚持一个设置等。

当我一页一页地阅读着这些尝试和磨难（主要是尝试）时，我意识到，写下这些字的那个汤姆是真的很痛苦，但他并没有发生质的变化。他日复一日地重复着同样的错误，尽管他在技术上越来越熟练，他的研究让他越来越深入技术分析的专业领域，但当他的大脑处于压力时，他仍然会犯同样的错误。

正如我以前所说的，这并不是一种顿悟。我的改变来得很慢。我逐渐意识到，我所有的图表研究并没有让我真正朝着我想实现的目标前进。相反，它们只是分散了我的注意力，让我不去专注真正的问题，也就是当事情不按计划进行时我的行为。我没有专注于过程，也没有工具让我在无压力的心态下运作，我做出了愚蠢的交易，目的是夺回失地。我的大脑迫切地想要摆脱失去金钱的痛苦，而它的解决方案是鲁莽地追逐市场的每一个波动。我所做的一切只是让自己越陷越深。

"真理之书"可以让你近距离面对自己的缺点。它让我认识到了我的错误，我也开始记录我做得好的交易。因为我觉得不仅要提醒自己避免不良行为，也应该提醒自己追求良好的行为。

我把过去的交易绘制在图表上，用它们为每个交易日做准备以及进行热身。用这种方法，我可以在情绪上重新经历过去的交易，加强对我有利的行为，并提醒自己我的弱点在哪里。

一个例子

2022年3月4日星期五是一个极其波动的交易日。一位同事向我指出，布伦特原油价格正在飙升。我看了一下图表，如图11.1所示，我想："哇，真的是这样。"

我在这个十分钟图表上的第一个回调点买入。这个入场点并没有什么问题，我在跟随趋势交易。但当我回顾这次交易时，我承认在那一刻，我并没有在情绪稳定的状态下进行交易。我急于加入这个行情中，仅仅是基于另一个交易者的意见。所以，我没有多想就直接买进了。而且我没有考虑止损，只是为了安全起见随便设置了一个止损点（见图11.2）。

这就是"真理之书"的力量。我想提醒自己这样的事情，我想在早上交易开始前，提醒自己：当汤姆·霍加德保持冷静，没有被兴奋情绪、肾上腺素和多巴胺裹挟时，他交易得最好。

我看着我的交易显示器，看到我的头寸亏损了。我提醒自己，虽然我被另一位我尊敬的交易员的情绪所影响了，但我不是他，我是我自己。我平仓了交易，然后等待。我进行了一次冲动交易，一次情绪化交易，没有真正的计划或真正的设置。交易亏损并没有让我很生气，让我生气的是我突然的冲动和不加思考的行为。我本可以花30秒时间好好思考一下，结果本会大不相同。

我冷静了下来，彻底分析了图表，并选择了更好的入场点。我使用了自己的流程，一个为我所用的工具。然后，图11.3的模式出现了。时间已经很晚了，在漫长的交易周之后，我准备度过一个宁静的夜晚，所以我买了布伦特原油，然后持有。

最懂输的人才能成为赢家

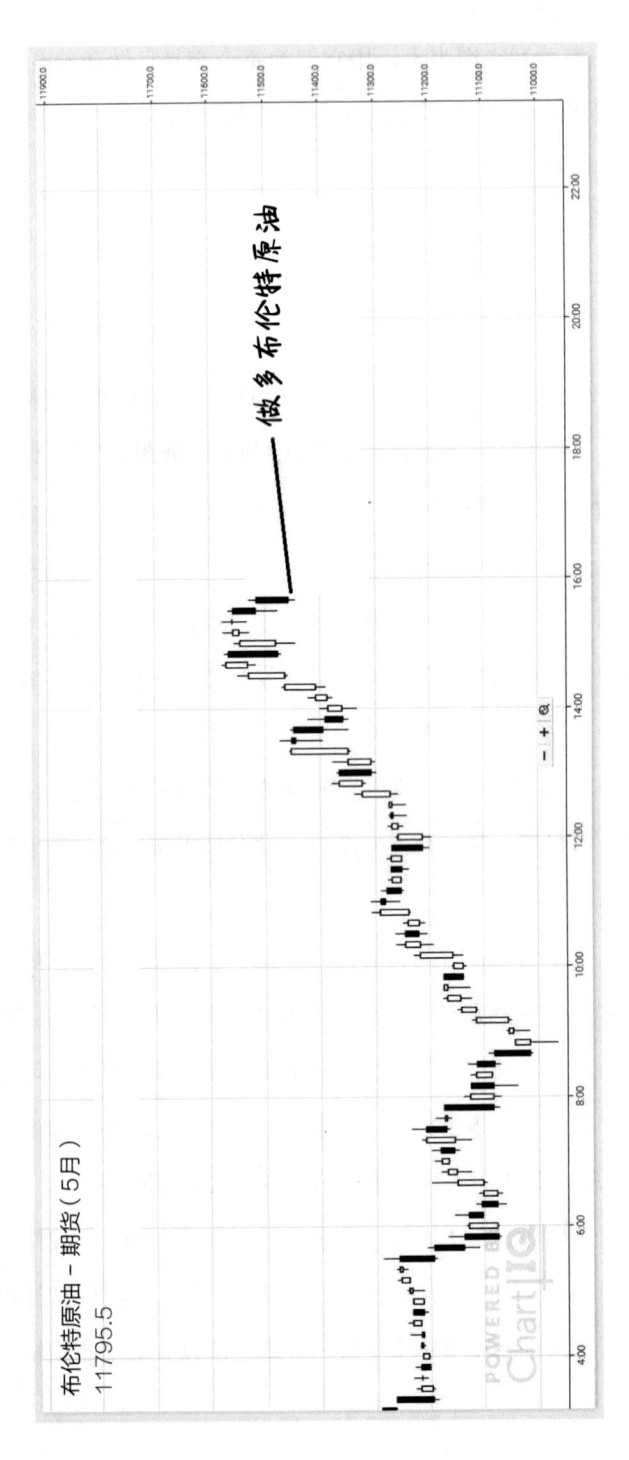

图11.1 2022年3月4日布伦特原油价格飙升

第十一章　理想的思维模式

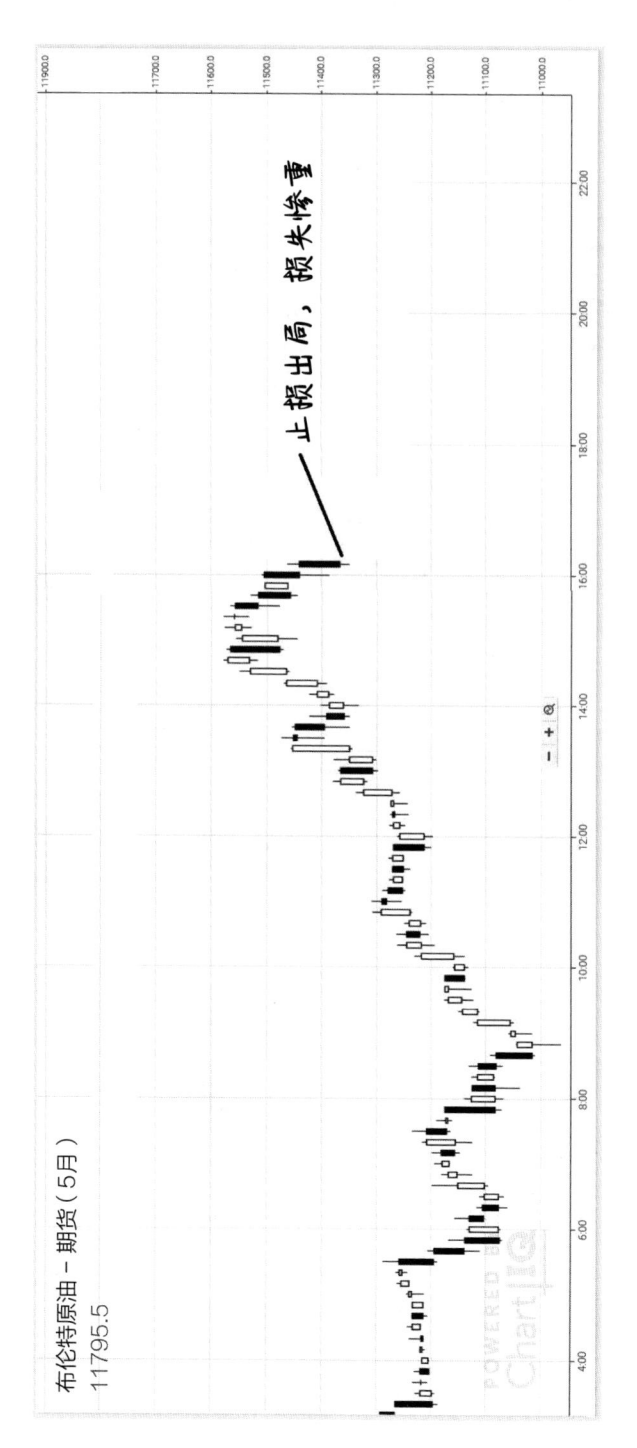

图11.2　止损出局

最懂输的人才能成为赢家

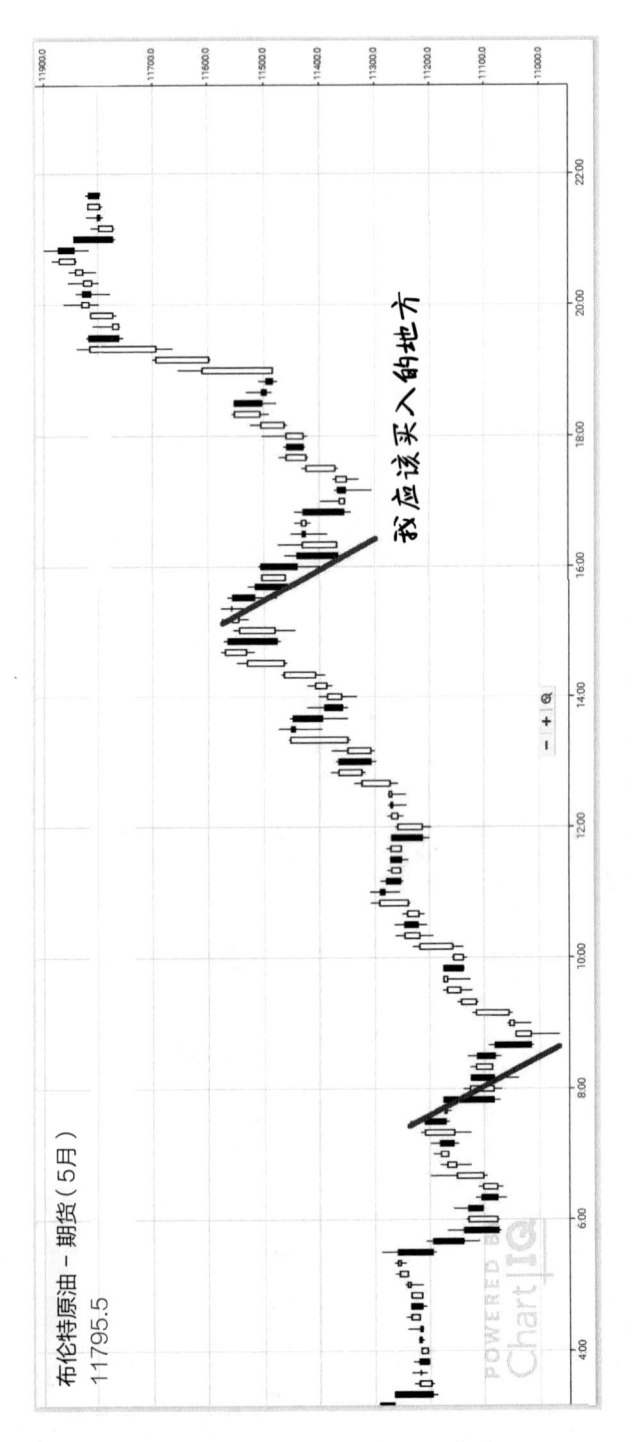

图11.3 事后对交易的回顾与反思

该设置只是个简单的谐波回撤。第一次回撤和第二次回撤是相同的。它提供了极其精准的入场点，可以轻松控制你的风险。

我想提醒自己我做得好的事情。我想提醒自己当我不冷静的时候容易犯的错误。我想在开盘前就提醒自己，我接受自己永远不可能完美。有时候，因为朋友告诉我他的成功交易，我仍会在周五下午做出愚蠢的布伦特原油式交易。但我相信，就像导弹一样，当新的数据出现时，我会自我调整，并且我相信我的心理准备可以让我犯的错误很快得到纠正。

信 任

我对自己交易的回顾显示出我不信任自己，也不信任市场。盈利的交易需要信任。如果你不相信能做到信任，就不该开始交易。如果你不信任，那么你将无法赚钱。因此，在你重新开始交易之前，你必须努力改变你对自己和市场的信念。

在我看来，信任分为两类。

信任自己

你必须相信你已经拥有了从交易中谋生所需的所有工具。是的，你需要先在技术分析领域（或者你用来做交易决策的其他优势领域）获得一定的能力水平。

我继续学习技术分析，这样做是为了提高自己对交易市场不断变化的本质的理解，但是技术分析不会让我赚钱。赚钱的关键是相信自己已经拥有了赚钱所需的所有技能。

我早期交易不成功的原因并不是因为我对技术分析的了解不够，而是因为我认为我所需要的只是技术分析。然而，无论在过去还是现在，这都不是真的。

我没有把时间和注意力花在技术分析之外的事情上，我没有抓住问题的关键。我的技术分析能力和我的情绪成熟度不匹配，因为我没有花时间进行情绪方面的锤炼。

你需要相信你已经拥有了所需的一切。不然的话，你的实际成就和你知道自己能达到的成就之间就会有差距，而你无法填补这种差距。你需要相信，而这种信任来自实践，我马上就会谈到这个问题。

信任市场

第二种信任是对市场的信任。我早上去工作，如果开盘时就出现了完美的交易设置，那就太好了。但是，这种情况很少发生。

我用五分钟和十分钟图表作为主要的交易时间框架。对我来说，交易时段一般持续10小时以上，这意味着我将面对120根五分钟图表上的K线。

通过对交易表现进行回顾，我意识到了一些事情。我那时不相信市场会给我我所需要的赚钱机会，这是一种削弱信心的信念。我回顾了我交易得最频繁的几种产品10年来的日内交易数据，来证明我这种信念是错误的。做这个研究不仅是为了形态识别，也为了证明那些给我带来利润的技术分析设置其实每天都会重复出现。

我发展出了一套新的信念。我开始相信市场每天都会给我赚钱的机会，我相信每天至少有两三根五分钟K线会形成很好的交易入场时机。我相信市场会给我一个完美的入场点，比如更长时间框架下跌趋势中出现的双顶形态或者延续信号。总之，根据我研究展示出的证据，我形成了一种新的信念。我开始接受我可以通过交易产生可观的收入，只需要等待那些理想的交易设置出现。

但是，这些理想的交易设置并不一定会在我想要的时间框架内出现，也不一定会在我有时间交易的时候出现。我需要除了信任之外其他的东西。

想在市场中表现得游刃有余，信任是重要组成部分，但它不是唯一的组成部分。我需要在我行为的另一方面下功夫。我经常在下午交易前感到疲倦，也经常在周中感到疲倦。这会导致错误的决策，后者可以直接归因于无聊和不耐烦。

耐 心

我意识到耐心是我的弱点。然而，耐心不止一种。例如，一位母亲教她年幼的孩子读书时可能会感到不耐烦，但这位母亲会提醒自己说："所有的孩子最终都会学会阅读的。"

通过对孩子达成目标所需时间的了解或感知，父母所经历的那种不耐烦感可以被减轻。只要我们坚持下去，我们知道孩子们一定能学会基本的阅读技能。在小家伙们慢慢达成所需技能的过程中，我们只需要保持耐心。

你不能说耐心是一种可以直接从育儿转移到交易上的品质。作为父母，你可以告诉自己，你会耐心地教会孩子阅读。然而，你不能说你会耐心地等待市场达到你想要的入场点，因为它可能不会达到你想要的入场点。

因此，你会经历父母不会经历的情绪。你会害怕市场在你不在场的情况下出现行情，你会害怕市场不给你上车的机会。如果没有正确的心理调整，你会在恐惧下冲动行事。

如果没有研究过我手上的数据，我不会如此笃定地决定等待合适的时机。我承认流程有些烦琐，但是通过这种准备，我能得到显著的经济回报。

毫无疑问，在伦敦交易大厅度过的10年里，我看到交易员们表现出的最大缺陷之一，是认为加入趋势为时已晚。在趋势日，我们经常看到客户不断尝试寻找当天的最低点。在那些日子里，我们的客户亏损最多。如果市场在上涨，他们要么什么都不做，要么试图找到一个卖空的位置。如果市场下跌，他们什么都不做，但更有可能的是，他们会找到当天的最低点并买入。

考虑到这种行为在如此庞大的群体里这么普遍，我得出结论，我们的思维中有个固有的交易缺陷，让我们想逆势而为。我之前提到过这种超市心态，它驱使我们去追求价值。

这种行为如此普遍的另一个原因，是图表指标的大量应用，这些指标显示出技术分析上的超买和超卖价格水平。在趋势市场中，使用超买和超卖指标的历史记录都很糟糕。

在我看来，耐心是一种技能，它决定了你是失败者还是高手。我用了"技能"这个词，因为我相信耐心是可以培养的。我用两种方法培养了我的交易耐心。二者都非常实用，但它们在应用上有很大不同。一个方法是主动练习，另一个方法是反思练习。

主动练习：扩展我的信息领域

主动练习关乎扩大你的信息领域。每天晚上，当交易过程仍在我脑海中历历在目时，我会打印出我最喜欢的市场图表。例如，我会打印出德国DAX指数和富时指数五分钟和十分钟图表。

打印出这两个时间框架的图表是因为它们角度不同。我发现使用五分钟图表会导致我过度交易，而参考十分钟图表会让我强迫自己放慢决策速度。这种放慢时间视角的行为增强了我的耐心。我在十分钟图表上看到的东西，比仅仅使用五分钟图表所看到的东西更让我的头脑清晰。

然而，耐心并不是一种容易获得的品质。我已经50多岁了，在我50多年的经历中，世界一直去迎合那些没有耐心的人。当我还是个孩子时，如果周日下午家里的牛奶喝完了，我就得等到周一早上才能再买一瓶，因为周日所有的商店都关门了。

如果我听起来像个过时的人，请原谅我，我真的不是。我热爱科技进步。我们生活水平的提高带来了许多美好的事物，但另一方面，我们也变得越来越不耐烦了。

当你开始交易之旅时，记住这一点很重要。不久前，我读到一位名为纳文德·萨劳（Navinder Sarao）的交易员的故事，他成了2010年臭名昭著的"闪电崩盘"事件①的代名词。在利亚姆·沃恩（Liam Vaughan）的书《闪电崩盘》（*Flash Crash*）中，纳文德显然拥有的一些主要技能是专注和耐心。据该书透露，纳文德会躲着和他一起工作的其他交易员，以免受到打扰。他需要周遭的安静来保持专注和耐心。

每天打印特定的图表锻炼了我对市场的信任，让我相信每天市场都会给我提供好交易的机会。这个练习也给我机会去发现市场的新行为，并不断训练我的大脑和眼睛去发现形态。我相信，人们只能看到那些他们训练自己的眼睛去看到的东西。

反思练习：想象与呼吸

第二个练习一开始很难。我没有给它取名字，但我知道我想要达到的目标。我想让自己的思绪冷静下来。根据我的心情，我会使用以下工具之一来训练我的思维，让我成为高风险的日内交易者。

我以一个舒服的姿势静静坐着，观察我的呼吸。吸气7秒，呼气11秒，然后重复这个过程。我会一直做下去，直到感觉平静降临。有时需要5分钟，有时需要15分钟。

这个练习的目的仅仅是让我的思维平静下来。通过呼吸练习，我已经能够显著增加我注意力的保持时间。起初我有些犹豫，我甚至犹豫要不要把它写出来，它似乎有种追赶新时代时髦的味道。而实际情况是，很多高水平运动员都会使用呼吸技巧来平静自己的心态。我读了大量关于F1赛车手冥想的故事，看到那些令我钦佩又让我备受鼓舞的超级竞技运动员把目光投向他们自己的内心，来提高自己的竞技优势，让我既惊讶又欣慰。

我必须坦率地告诉你，我没有接受过任何冥想或想象的训练。我只是相信并让自己受到脑海中出现事物的引导。我的心理想象是把自己置身于危险的情境

---

① 指2010年5月6日美国道琼斯工业指数暴跌和崩盘的事件。

中。我可能会面对一只鳄鱼，可能攀爬陡峭的岩壁，或者在巨大的波浪之巅冲浪。这个练习很简单，我想通过想象来加快我的心跳，然后有意识地专注于我的呼吸，并接受当前的情况。这种做法的目的是让我在面对这些意象的情况下保持冷静。

等我冷静下来，我就会看到自己以券商允许的最大头寸规模进行交易。我看到市场朝着对我不利的方向移动，我想象着我开始极速亏损，我感觉自己脉搏加速，然后集中注意让它平息下来。我一遍又一遍地重复这个过程。

我看到自己紧跟越涨越高的行情，我看到我的盈利越来越多。我在等待我的大脑告诉我该获利退出了。然后我停下来，翻转开关。我让自己冷静下来，不带任何感情地看着我的盈亏。我平息呼吸，直到能够只是单纯地看着我的利润随着市场趋势不断增长，我的目标就是静静存在，成为市场客观的观察者。不带恐惧、不带希望，只凭对价格行为的客观评估而行动。

请求帮助

我相信信念塑造我们的生活，我也相信并非所有信念都有益于我想要的生活。我接受它们的存在，随着自我认识的发展，我会尽力去完善它们。我发明了一种"从后向前"的方法来完善我的信念。这种方法围绕这一句老话："眼见为实（I will believe it when I see it）。"我们不妨把它倒过来说，"相信的时候就能看到（I will see it when I believe it）"。也就是说，你必须先**相信**，然后才能**看到**。我们的很多信念在我们成长岁月里就形成了，不经过一番斗争，它们很难消失。当然你也可以不去与它们斗争，只是接受它们。

我把这个过程称作"请求帮助"。我拿出一张白纸，在上面提出一个问题，比如："为什么我会害怕加入已经开始了的下跌趋势？"我写下脑海中出现的一切。我闭上眼睛、不带自我审查地观察自己的思绪，只是静静地提问、聆听和记录。

第十一章　理想的思维模式

我可能会写10—20分钟，纸上经常出现一些像精神病患者一样的思想。有时候这些回答非常直接和诚实，让我感到害怕。读到潜意识带出的东西可能会令人恐惧不安。我不去评判，只是去接受。

当我在我的信念上下功夫时，我知道与它们斗争是行不通的。给信念施加负面能量只会让它为了自己的生存而战。唯一有效的方法是完全接受。我接受存在的东西，我理解它，这让我能把它放下并化解它。如果我从"我讨厌这个信念"的角度去处理它，它只会强化和巩固自己。

比如说我有个关于交易的信念，它认为：我需要快速地赚钱，我需要在早上第一时间就加入行情中。但我有充分的证据表明这个信念对我的交易账户不利，因此如果我想让它消散，我就会请求帮助。我会接受这种信念，我会稀释它的负面能量，并用积极的能量来代替它。我会强化一个新的信念，比如"我会等第一个十分钟K线结束后再决定是否交易"。

不幸的是，信念没有自我解除的能力。所有的信念都需要表达，从真诚的心态和心境出发，诚心询问将给你答案。

在使用"请求帮助"的过程中，当我能把问题浓缩成一句话答案时，我就知道它完成了。然后我知道我已经化解了我所拥有的任何不为我服务的信念。旧的记忆将永远存在，但背景已从消极变成了积极。

我必须提醒你，金钱是理想交易思维模式的副产品。你正在创造一个过程，来保证你交易生涯中具有最佳的心态。优秀交易的本质在于我们如何思考和感知市场信息，这与我们的思考方式和生活方式密切相关。

今天我和一个朋友聊了聊。我们有一段时间没联系了。他是我非常亲密的朋友，再次交谈让我感到快乐。他说话时，我认真地倾听。你有两只耳朵和一张嘴，要按比例使用。他兴致勃勃地谈论他的交易，以及交易进行得有多顺利。在他的讲述中，我听到了一句话："我仍在努力增加我的交易规模。"

我对这句话想了很多也想了很久，我知道我今天要写本书的最后一章了。我的朋友在2015年第一次和我说到想增加他的交易规模，现在是2022年了，他花了7年时间谈论增加交易规模。这是否能说明他究竟有多想增加他的交易规模？你觉得在这一点上，他说他想要的和他为此做出的行动之间是否存在偏差？

我经常告诉我的孩子们这一点：做你该做的事，这样你才能做你想做的事。我告诉他们要明确自己想要什么，但首先要对此进行认真深入的思考。如果你说你想要某物，然后却不采取任何行动，那么可以肯定的是，你的表意识和潜意识之间存在偏差。当我面对这种情况的时候，我就会使用"请求帮助"这个练习，而我总会得到非常坦诚的答案。我得到的最常见的答案是："虽然你说你想要，但其实你不想要。"

决定自己想要什么，这个想法会打破你的信仰和信念体系里的所有负面能量。明确自己的想法，这一力量将消除所有你信念体系里的负面能量。我已经认清并接受，但许多人并不想这么做。他们沉迷在自己的剧情里，牢牢抓住这些剧情不放，因为它们让人感到有价值、被关注。

当我感到失落、愤怒和沮丧时，我会问自己问题，并以此追根溯源。我会找到问题的根源。愤怒经常是一种自卫机制。如果我生气，我就需要知道导致愤怒的潜在信念是什么。所以，我会提问。

人们经常说我很自律，这不是真的。这个词本身就自相矛盾。自律意味着使用力量和意志，而我的行动源于我对自己所做事情的热爱，我不需要运用意志去做任何事情。那些自律的人并不认为自己自律，他们只是在按照他们的梦想、目标和愿望来做自己。

我曾经站在礼堂里听励志演讲者让他们的观众大声喊出阻碍他们发展的问题，然后再把他们推向一些不为人知的、昂贵的、私人度假胜地。我从来不相信这个。我不相信任何人不付出巨大的努力就能取得惊人的成就。我知道我付出了努力，我知道我每天所做的一切都是坚韧和决心的结果。我没有天赋，我很勤奋，我不是有才华的人，我有决心，我不是幸运的，我很执着。

20次交易

我的朋友大卫教会我一个练习，它的核心是旨在加强你的交易流程。它既简单又困难。你要做的就是在信号出现时执行20次交易。

你一个接一个地接受每个交易信号。练习的目的实际上不是赚钱，你可能会不赔不赚，这也没什么问题。这个练习的目的是找出你内心的冲突和未解决的情绪。它的核心思想是，如果你能在没有任何内心冲突的情况下执行20笔交易，那么你就是在一个无忧无虑、无畏无惧的心态下交易。这意味着你是从以下角度进行交易的：

1. 任何事情都有可能发生，而你能在情绪上与结果脱钩。

2. 每一刻都是独一无二的，你不再把这一刻和另外一刻联系起来。你没有痛苦。

3. 输赢是随机分布的，你接受这个结果，就好像这是一场掷硬币的游戏。

4. 你不必知道接下来会发生什么才能赚钱，你信任这个过程，你专注于控制你真正能控制的唯一变量，也就是你想在这个交易中冒多大的风险。

这个练习的目的在于给你的信念注入能量。除非你能做到交易时不再有内心冲突、未解决的想法和矛盾的能量问题，否则这些负面影响不会消散。

你怎么知道自己什么时候才算成功？当你能在没有任何冲突思想的情况下进行交易的时候。在练习过程中，结果并不重要。这是一个过程练习，你可能需要重复这20笔交易，直到你可以毫不畏惧、毫不犹豫地进行交易，不把这一刻与过去的某一刻联系在一起，并且冷静地接受结果。当你达到了这个状态，你就真正到达了目的地！

情感分离

一个朋友打电话来说，她在社交媒体上发了一篇帖子，尽管这篇帖子出自好意，但她还是遭到了大量的谩骂。她打电话向我求助。我看了她的帖子和一大堆谩骂的评论，但对我来说，它们只是文字而已，没有能量的文字。

我不带情绪地看了帖子，然后告诉她该怎么做。作为交易者，我们需要像我对待她的社交媒体帖子一样冷静客观地看待自己的交易。我们在这方面做得越好，我们就会交易得越好。有人可能会反对我的观点。请记住，我是从对我有效的角度来写这篇文章的。

如何做到不带情绪地交易呢？如何在交易时不受任何情绪影响呢？这就是我的练习会帮你做到的。或许你想在市场中接收信息而不感到被威胁，但它毕竟不会自己发生。我相信，通过努力调整你的**思维**方式和**反应**，并**评估**你的反应，将会显著提高你的交易能力，现在你可能还无法完全体会到这种改善。

我曾经在高速公路上狂飙。是的，那很鲁莽。但在那个时候，我没有想着冰箱里有没有牛奶，或者我今天早上有没有用牙线，我全神贯注，专注于当下。这就是我想在每天的交易中做到的。

每一刻都是独一无二的。这并不是说我们必须像一个没有过去记忆的无形之物一样行动，记忆总会有一定程度上的联系。然而，仅仅因为我第一次邀请一个女孩跳舞被拒绝了，并不意味着下一次我也会被拒绝。不过我的大脑可能会这么想，所以我表意识的想法和我潜意识的信念之间可能存有矛盾。

我的理性思维可能会说："下一个女孩会答应跳舞。"而我所不知道的潜意识可能会说："没门，放弃吧，她永远都不会和你跳舞。"如果你在冒险去问这位幸运的女士之前有一瞬间的犹豫，你就知道你的思想不是一致的。当我在交易中遇到这种情况时，我会请求帮助，或者用想象来解决我脑子里的问题。

第十一章　理想的思维模式

思维循环

我的训练包括接受痛苦，并通过习惯和重复使其成为我的存在的一部分，这样我对痛苦的容忍度就扩大了。我还必须训练自己对期望的心态，以及在心态上如何应对未实现的期望。

这需要坚持不懈的努力，利用记日记、心理想象和请求帮助等方法实现。你可能会问："这有用吗？"我认为是的，它彻底改变了我的交易。当我打下这些字的时候，也就是2022年3月，自2021年9月以来，我还没有亏损过一天。也就是说，近7个月来，我没有一天亏损。

我不认为这应该被庆祝，我写这些也不是为了炫耀。我写下这些的目的是鼓励你将交易的心理方面与技术方面一样认真对待。如果去描述作为我交易基础的信念，它会像一个流程图，整个思维模式系统形成一个循环。

我对市场和自己的信任支撑着我的耐心，我对交易机会出现的耐心滋养着我的信心，我对获胜的信心决定了我内心的对话，我交易时的内心对话支撑着我以过程为导向的思维模式，我的过程让我能专注于此刻。我通过心理训练来支持这个循环，心理训练为这个循环提供滋养和维持能量。

我是一个过程导向的交易者。我不相信设定获利目标，我的显示器上没有便利贴提醒说我今天、这个月或今年想赚多少钱，我没有金钱上或点数上的获利目标。市场给我什么我就拿什么，我**从不**在交易上设定目标。通过完全专注于过程而不是结果，我确保了我保持在当下。当你专注于当下时，你不会把过去的时刻与此时此刻或未来的时刻联系起来。你就在这里，在此时此刻。

保持在当下是一些人所谓的正念。我把它称为专注、全神贯注，把它称为知道我想要什么。我想要赢。这是我进行交易的主要动机——去赢。我想赢，不过我也不介意输。但是，我知道，如果我完全忘记赢，专注于过程，我就会赢。这是一个怪奇特的难题，很长一段时间我都不能相信和接受。如果我不一直专注于目标，怎么能赢呢？

我花了近10年的时间才明白过程就是一切，不要关注目标。当然，知道你的目标是什么，但专注于过程，相信这个过程。我把自己的交易生活建立在这个心理循环上。那这个循环是什么样子的呢？

我信任，我的研究支撑着信任，信任支撑着耐心，耐心也由心理训练支撑，它滋养我的信心。我的内心对话是由过程导向的思维模式驱动的，并以我的信心为助力。我专注于我可以控制的东西：我的思维模式和我对风险的把控。我让市场做它想做的事情，无论发生什么，都不会激发我内心的恐惧，那已经被训练没了。我不害怕市场，我唯一害怕的就是我在市场里做傻事。不过由于我信任自己，这也不会发生。

我相信自己有赚钱的技能，我相信市场会给我赚钱的机会。我对自己交易时间框架下市场图表的深入研究培养和加强了这种信任。我对自己职业技能的不断打磨也进一步增强了这种信心。

我的耐心源自对市场和自己的信任，我已经在信任和耐心之间建立了情感联系。我相信，如果我耐心等待，机会就会出现。如果我有耐心，我就能赢。对我来说，赢比任何其他东西都重要。如果我没有耐心，我就不会赢，而我会做任何事情来赢。因此，这种信任压倒了我心中可能产生的任何情绪上的急躁，因为我相信，如果我错过了这个信号，还会有另一个信号出现。

我的信心来自于不断提升我的技能。我不是只学一遍技术分析，而是一直在学习。有些市场活跃，有些市场不活跃。有些市场需要更大的止损，有些市场需要使用订单进行交易，因为它们波动得非常快。市场不断变化，我也随之改变。

我的内心对话源自信任、耐心和信心。当然，我也有交易不好的日子，但我不让它们影响我。我专注于当下的过程，这是我所能做的唯一的事情。我不能要求市场必须做什么，因此我必须像水一样流动，随市场的变化而变化。我不与市场对抗，而是与市场一起流动。我对自己说"随波流动"。

第十一章　理想的思维模式

这就是这个过程的幕后情况。我从不指望在交易时感到舒适。如果我感到舒适，我就知道我没有挑战自己能力的边界。我知道为了发挥自己的最佳状态，我需要有些不舒服。我来举个例子。

我在自己的频道里公布了做空道琼斯指数的过程（为了保证真实性和可验证性做了时间标记）。图11.4中，我标记了自己的入场点。一开始，市场朝着对我不利的方向运动。然后它转向并开始下跌。当它的下跌趋势继续，我意识到自己的大脑在说"获利退出"。这个声音以前会大声得多，而现在我非常专注于过程，已经听不见这个声音了。我专注于过程，而不是结果。

然而，在这个过程中的某一刻，我获利200点，而市场则处于一个之前的低位。我必须接受这个事实：市场非常有可能从那里反弹，我那200点利润中的很大一部分都可能会消失。这带来了不舒服的感觉，我接受了这一点，并决定保持仓位不变。

你知道我为什么让它保持不变吗？因为我足够了解自己，我接受了这样一个事实：如果我获利退出，而市场随后继续下跌，我会感觉非常糟糕。在没有自己的参与情况下，看到市场带来更多利润的痛苦比看到一些纸面利润消失的痛苦要大得多——至少对我来说是这样的！

这一次它奏效了，明天可能就不行了。我必须相信这个过程会长期支持我，而少去关心单个事件的结果。记住，单个事件的结果是完全随机的，而几百次事件的结果就并不随机了。

交易生涯不由我们时不时的行为而定义，而是由我们一次又一次的行为而定义。你永远不可能在没有亏损的情况下交易。给这本书取名为《最懂输的人才能成为赢家》，正是为了从一开始就阐明这一点：谁输得最好，谁就能赢得这场交易游戏。

对2.5万名交易员在15个月内进行的4300万笔外汇交易的调查完美地说明了这一点。总的来说，他们的盈利交易比亏损交易更多。在这4300万笔交易中，根

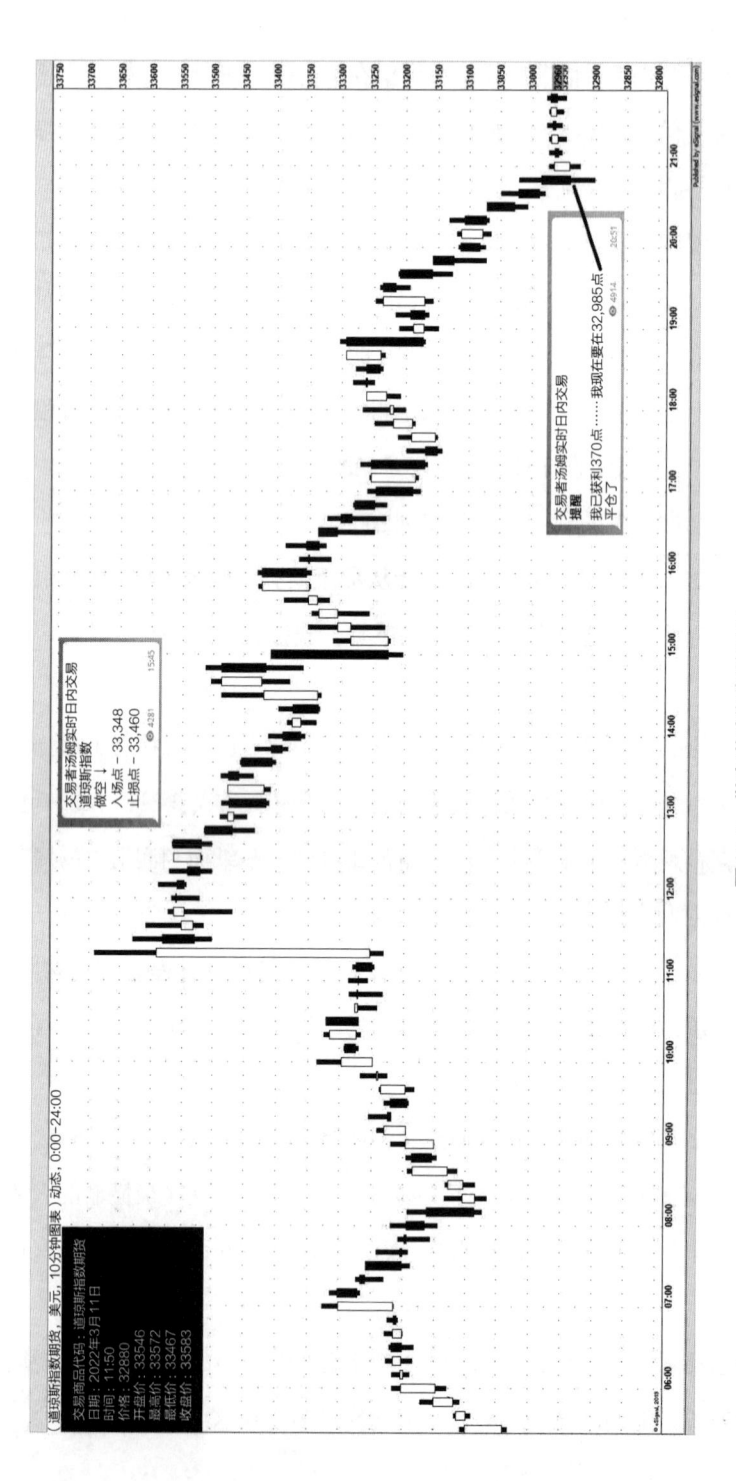

图11.4 做空道琼斯指数示例

据交易货币组合的不同，盈利交易次数的比例最高达到了61%。

这向你说明了什么问题？

它告诉你，这2.5万名交易者对市场有很好的把握，知道在哪里交易。它告诉你，如果他们能以1∶1的风险回报比操作，他们将在100次交易里赢61次，输39次。这是一个获胜的公式，也就是说，它的净胜数为22。

问题在于，调查显示，当他们赢时，平均赢43点。而当他们输时，平均输83点。换句话说，他们在亏损交易上的损失几乎是他们在盈利交易上获利的两倍。

假设我们执行了100笔交易。

61次获胜，每次盈利43点=2623点

39次失败，每次亏损83点=3237点

这告诉你什么？

这告诉你，他们善于挑选获利交易，但当他们面临亏损交易时，他们缺乏心理自制力去进行止损。

这又告诉你什么？

这告诉你，他们需要改善他们的心态，去更好地应对亏损。他们的大脑很可能将痛苦与承受损失联系在了一起。大脑的核心使命是保护你免受痛苦，无论是身体上的痛苦还是心理上的痛苦、感知的痛苦还是真实的痛苦。

最后的话
FINAL WORDS

成为一个盈利交易者的道路并不在于更好地理解市场，而在于更好地理解你的思维模式。你的思维模式以及如何运用它将决定你作为一个交易者的成功水平。

我想大胆告诉你一些关于你自己的事。阅读这本书的人可能会分为两类，但我对此也有所怀疑。我怀疑那些从未进行过交易的新手交易者会被我这样的书吸引。他们更可能购买标题为"精通交易"或"用交易走向财务自由"等的书。这种书会有300页技术分析，很可能一次都不会提到亏损交易，并展示一个又一个完美的图表例子。

我猜测，那些买过上述书的人会阅读此书，而他们会意识到，只有更好的思维模式才能填补他们现在的状况和他们知道自己能达到的状况之间的差距。

我写这本书有一个优势，那就是我不需要证明我的资历。我有一份公开的4年交易记录，上面有时间标记，可供任何人阅读。我每天都在我的网站和个人频道发布我券商交易记录的电子表格。我向你保证，过去的记录中有很多糟糕的交易，但不知怎么的，总的来说我还是赚到了钱，而且收益相当可观。

因此，现在的重点需要放在我已经采取以及仍在采取的实际步骤上，以确保我始终处于巅峰状态。这就是你现在要去的地方。

在结束这本书时，我想再强调对我来说很重要的一点。我描述了一个对我有效的过程，它基于我的特定信念，这些信念是我特定的生活环境的结果。

我认为信念是由一个人的欲望和需求所定义的。由于我渴望成为一名盈利的交易者，并需要在生活中创造经济的稳定，因此，我获取了与此目标一致的信念。话虽如此，我也接受我的方式不是唯一的方式。我描述的是我的方式，而不是唯一的那个方式。你决定什么对你来说是正确的，它对你来说就是正确的。相信它。

祝你旅途愉快。

爱你的，

汤姆·霍加德

关于作者

ABOUT THE AUTHOR

汤姆·霍加德在英国两所大学学习了经济学和金融学，然后进入摩根大通工作，在之后的10年里担任伦敦金融城一家差价合约经纪公司的首席市场策略师。他就市场状况接受了数千次电视和广播采访，并给成千上万名客户提供了交易策略培训。自2009年以来，他一直为自己交易。汤姆自出版了几本关于交易心理、价格行为的书。

成长股的投资之道
如何通过只买入最好的公司持续获利

著者：（英）特里·史密斯
ISBN：9787515365619
定价：69.00元
出版社：中国青年出版社

管理430亿英镑、英国备受欢迎的基金Fundsmith创始人特里·史密斯阐述可实现长期卓越回报、买入并持有高品质公司的方法。

《金融时报》前总编辑莱昂内尔·巴伯作序推荐。

张化桥读过的最好的2本投资书之一。

内容简介

本书是英国备受欢迎的基金Fundsmith创始人、知名基金经理特里·史密斯的著作，包含了他2010—2020年的投资文集以及致股东的信。

很多人喜欢将原本简单的投资复杂化。而史密斯提出，成功的投资，其实只需买入最好的公司。作者揭穿了关于股票投资的很多谬误，并阐述了让他实现长期卓越回报的投资策略——成长股投资。他将其概括为简单的三个步骤："买入好公司，不要支付过高价格，然后什么都不做。"他眼中的好公司有两个标志：1. 以现金的形式产生高资本回报率；2. 将至少部分现金以高资本回报率进行再投资，为增长提供资金，从而实现强大的价值复合增长。在年度致股东的信中，作者解释了他如何执行这个策略，依次审查了每个步骤的执行情况，披露了对基金业绩贡献排名前、后五位的十只股票，并对其和整个投资组合进行了分析。

以其标志性的犀利、智慧，史密斯揭示了高品质公司是什么样的，如何找到它们（以及如何发现冒充者），同时阐明了：为什么要淡化市盈率，看重已动用资本回报率；为什么大多数股票回购实际上是破坏价值；为什么不要尝试市场择时；投资的十大黄金法则；环法自行车赛对于投资的启示；价值投资策略的缺陷……

秉承其成名经典著作《为增长而做的会计处理》风格，作者以严谨的分析，对投资中一些重要主题展开了讨论，带领读者经历一次开阔视野的阅读之旅，获得宝贵且实用的投资洞察。任何一个投资者的书架没有这本书，都是不完整的。